Victor-Leon Eggenberger

Grün, Grüner, Green Buildings?

Wie baut und vermietet man (rechtlich korrekt) „green“?

Lehrbuchverlag

Imprint

Cover image: www.ingimage.com

Publisher:
Der Lehrbuchverlag
is a trademark of
Dodo Books Indian Ocean Ltd. and OmniScriptum S.R.L publishing group

120 High Road, East Finchley, London, N2 9ED, United Kingdom
Str. Armeneasca 28/1, office 1, Chisinau MD-2012, Republic of Moldova, Europe
Printed at: see last page
ISBN: 978-620-0-44860-6

Abstract

ABSTRACT	
Title	Grün, Grüner, Green Buildings? – Wie baut und vermietet man (rechtlich korrekt) „green“?
Content	The paper will shed light on the existing legal situation, taking into account the newly emerging sustainable tendencies. Subsequently it shall be determined whether eco-logical sustainability can be legally implemented in the construction and rental sector.
Background	Ecological sustainability is on everyone's lips. Nevertheless, for a long time it has received little attention in business life and subsequently also in the legal context. The aim is to analyze how „receptive“ the legal system is to this topic.
Research question	How does "Green Lease" and "Green Build" work in Austria?
Method and documents	Literature research
Results	Although some eco-logical aspects can be legally mapped, many areas are unclear and need to be clarified by the legislator.
Keyword register	sustainability; eco-logical; green; green build; green lease; taxonomy

KURZFASSUNG	
Titel	Grün, Grüner, Green Buildings? – Wie baut und vermietet man (rechtlich korrekt) „green“?
Inhalt	Die Arbeit soll die bestehende Rechtslage unter Berücksichtigung der neu aufkommenden nachhaltigen Strömungen beleuchten. In weiterer Folge soll festgestellt werden, ob ökologische Nachhaltigkeit im Bau- und Mietsektor rechtlich umgesetzt werden kann.
Hintergrund	Ökologische Nachhaltigkeit ist in aller Munde. Dennoch hat Nachhaltigkeit lange Zeit wenig Beachtung im Wirtschaftsleben und iwF auch im rechtlichen Kontext gefunden. Ziel ist eine Analyse, wie offen die Rechtsordnung diesem Thema gegenüber steht.
Forschungsfrage	Wie funktioniert „Green Lease“ und „Green Build“ in Österreich?
Methode und Belege	Literaturrecherche
Ergebnisse	Obwohl manche nachhaltigen Aspekte rechtlich abgebildet werden können, besteht in vielen Bereichen Unklarheiten, die es vom Gesetzgeber auszuräumen gilt.
Schlagwortkatalog	Ökologische Nachhaltigkeit; green, green build; green lease; EU-Taxonomie

Inhaltsverzeichnis

Abkürzungsverzeichnis

ABGB	Allgemeines Bürgerliches Gesetzbuch
Anm	Anmerkung
B2B	Business to Business
BGB	Bundesgesetzbuch
BREEAM	Building Research Establishment Environmental Assessment Method
BMK	Bundesministerium für Klimaschutz, Umwelt, Energie, Mobilität, Innovation und Technologie
BTVG	Bauträgervertragsgesetz
bzw.	beziehungsweise
CapEx	Capital Exependitures
CSDDD	Corporate Sustainability Due Diligence Directive
CSR	Corporate Social Responsibility
DACH	Deutschland, Österreich, Schweiz
DelVO	Delegiert Verordnung (EU) 2021/2139
DGNB	Deutsche Gesellschaft für Nachhaltiges Bauen
DIFNI	Deutsches Privatinstitut für Nachhaltige Immobilienwirtschaft
DSGVO	Datenschutzgrundverordnung
EASME	Executive Agency for Small and Medium-sized Enterprises
EAVG	Energieausweis-Vorlage-Gesetz 2012
ElWOG	Elektrizitätswirtschafts- und -organisationsgesetz
EPC	Energy Performance Certificate
ESG	Environmental Social Governance
etc	et cetera
EU	Europäische Union
f	folgende
ff	fortfolgende
fGEE	Gesamtenergieeffizienz-Faktor
GBG	Grundbuchsgesetz
GewO 1994	Gewerbeordnung 1994
HWB	Heizwärmebedarf
iSd	im Sinne des
IUCN	International Union for Conservation of Nature and Natural Resources
iVm	in Verbindung mit
iwF	in weiterer Folge
KaWeRÄG	Kartell- und Wettbewerbsrechts-Änderungsgesetz 2021
KSchG	Konsumentenschutzgesetz
LEED	Leadership in Energy and Environmental
MRG	Mietrechtsgesetz
ÖBA	Örtliche Bauaufsicht

OGH	Oberster Gerichtshof
ÖGNI	Österreichische Gesellschaft für Nachhaltige Immobilienwirtschaft, Gebäude & Energie
OIB	Österreichisches Institut für Bautechnik
Ö-Norm	Österreichische Norm
OpEx	Operational Exependitures
PEB	Primärenergiebedarf
RDB	Rechtsdatenbank
TÜV	Technischer Überwachungsverein
Übers v Verf	Übersetzer von Verfasser
UN	Vereinten Nationen
UNEP	UN Environment Programme
USGBC	United States Green Building Council
UWG	Bundesgesetz gegen den unlauteren Wettbewerb
VwGH	Verwaltungsgerichtshof

1 Einleitung

In Deutschland ist ein Viertel aller CO2-Emissionen auf Immobilien zurückzuführen. Zu allem Überdruss konnte in Deutschland 2021 der Gebäudesektor weder die für 2020 noch die für 2021 gesetzten Klimaziele erreichen. Studien zeigen, dass ohne weitere schnell wirkende zusätzliche Klimamaßnahmen die für 2030 gesetzten Ziele ebenso deutlich verfehlt werden (Bundesministerium für Wirtschaft und Klimaschutz, 2021, S 1).

In Österreich war der Gebäudesektor im Jahr 2018 noch immer für etwa 15 % aller Treibhausgase verantwortlich und das, obwohl seit 2005 im Immobiliensektor die Treibhausgasemissionen um 38 % zurückgegangenen sind. Hauptfaktoren für diesen Rückgang sind allerdings nicht unbedingt bessere „Bauweisen“ und „Materialien“, sondern die starke Reduktion von flüssigen fossilen Brennstoffen, thermische Sanierungen, aber auch wärmere Heizperioden (Österreichisches Parlament, 2020).

Europaweit sind grob geschätzte 75 % der Gebäude nicht klimaeffizient errichtet und 85 % - 95 % aller Gebäude in Europa werden noch im Jahr 2050 bestehen (Europäische Kommission, 2020).

Ist daher die Zeit für „ökologisch nachhaltige Bauweise“ und in weiterer Folge deren Vermietung, also „Green Build“ und „Green Lease“, gekommen?

1.1 Problemstellung

Wann sind Gebäude ökologisch nachaltig oder „green“? Die Deutsche Gesellschaft für Nachhaltiges Bauen hat dazu etwa ein von der

Europäischen Union (Executive Agency for Small and Medium-sized Enterprises (EASME), 2021) ebenso mitgetragenes Rahmenwerk veröffentlicht, das sich aus vier Grundelementen zusammensetzt. Anhand dieser soll bewertet werden, wann ein Gebäude „green" ist (Deutsche Gesellschaft für Nachhaltiges Bauen – DGNB e.V., 2021).

Weiterführende rechtliche Rahmenbedingungen hatte die Europäische Union (Artikel 2 Ziffer 17 Verordnung (EU) 2019/2088) im Rahmen ihrer Verordnung über nachhaltigkeitsbezogene Offenlegungspflichten im Finanzdienstleistungssektor geschaffen. Danach ist eine nachhaltige Investition eine Investition in eine wirtschaftliche Tätigkeit, die entweder zur Erreichung eines Umweltziels oder eines sozialen Ziels beiträgt. Ersteres wird beispielsweise an Schlüsselindikatoren – wie Ressourceneffizienz bei der Nutzung von Energie sowie erneuerbaren Energien, Rohstoffen, Wasser und Boden, wie die Verringerung von Abfällen und Treibhausgasemissionen oder wie die Beurteilung der Auswirkungen auf die biologische Vielfalt und die Kreislaufwirtschaft – gemessen. Die Investition in Soziales trägt entweder zur Bekämpfung von Ungleichheiten bei, fördert den sozialen Zusammenhalt, die soziale Integration und die Arbeitsbeziehungen oder kann auch eine Investition in Humankapital oder zugunsten wirtschaftlich oder sozial benachteiligter Bevölkerungsgruppen sein. Dabei wird allerdings von beiden Investitionsarten verlangt, dass diese Investitionen keines der anderen Ziele erheblich beeinträchtigen und die Unternehmen, in die investiert wird, Verfahrensweisen einer guten Unternehmensführung anwenden. Das sind beispielsweise solide Managementstrukturen, korrekter Umgang mit den Arbeitnehmer*innen, ordnungsgemäße Vergütung von Mitarbeiter*innen oder auch die Einhaltung der Steuervorschriften (Artikel 2 Ziffer 17 Verordnung (EU) 2019/2088).

„To be green“ ist somit wichtig und „green“ zu sein, ist auch in seinen Grundsätzen bereits ansatzweise gesetzlich geregelt, wobei dazu aber noch kein einheitliches Regelwerk existiert (Kraml in Druck).

1.2 Zielsetzung

Wie steht es also um das Recht rund um „Green Buildings“?

Immer mehr Mieter*innen legen Wert auf ökologische Verträglichkeit, sogar auf eine Zertifizierung des Mietobjekts. Das birgt Risiken für den den*die Vermieter*in und beeinflusst die Gestaltung der Mietverträge (Breitbart, 2010).

Sind „grüne“ Renovierungsarbeiten etwa im Rahmen eines Verfahrens über die Erhöhung der Hauptmietzinse auf Mieter*innen, die „nur“ den Richtwertmietzins bezahlen, umlegbar (§ 18 MRG)? Oder bestehen split incentives (divergierende Anreize), weil der Nutzen oder die Einsparungen infolge von energetischen Nachrüstungen oder Energieeffizienzmaßnahmen nicht zur Gänze der Partei zugute kommen, die die betreffenden Maßnahmen bezahlt (Bickert, 2021).

Das MRG differenziert zwischen Erhaltungspflichten der vermietenden Partei (§ 3 MRG) und Instandhaltungs- und Wartungspflichten der mietenden Partei (§ 8 MRG) und lässt Fälle außer Acht, die weder Vermieter*innen- noch Mieter*innenpflicht sind (sog. „Graubereich). Das ABGB sieht zwar eigene (dispositive) Bestimmungen zur Erhaltungs-, Instandhaltungs- und Wartungspflicht vor (§ 1096 ABGB), die keinen „Graubereich“ offen lassen, sie kommen aber selten zur Anwendung, weil für Mietverträge im Vollanwendungsbereich ausschließlich das MRG gilt (Wirtschaftskammer Österreich, 2021).

Wer hat nunmehr (erhöhte) Erhaltungspflichten zu tragen? Fallen „grüne" Maßnahme gar in den von der Judikatur entwickelten dynamischen Erhaltungsbegriff, der die Rücksichtnahme auf Entwicklungen der Bautechnik und auf eine zeitgemäße Wohnkultur fordert (OGH 5 Ob 190/01d)?

Die Arbeit wird daher auf die Frage eingehen, was rechtlich beim Bau von „Green Buildings" zu beachten gilt und wie bzw. ob (in weiterer Folge) ein*e Mieter*in oder Pächter*in dazu verpflichtet werden kann, einen Bestandgegenstand "green" zu erhalten oder auch zu betreiben.

1.3 Forschungsfrage/n

Unter Berücksichtigung dieser vorhergehenden Ausführungen ergeben sich die nachfolgenden Forschungsfragen:

Wie funktioniert „Green Lease" und „Green Build" in Österreich?

Nebenforschungsfragen:

Was ist „green" rechtlich gesehen?

Staat, Errichter*in, Vermieter*in, Mieter*in – wer ist für „green" verantwortlich und wieso?

1.4 Methodik

In Österreich bestehen bisweilen nur erste Ansätze der rechtlichen Beurteilung von „grünen" Elementen, die für die Beantwortung der Forschungsfrage herangezogen werden können. Insbesondere fehlt dem österreichischen Immobilienmarkt ein weitläufiges Verständnis für marktübliche Standards und „grüne“ Bestimmungen sind kaum typischer Bestandteil von kommerziellen Miet- und Pachtverträgen (Pressler & Koller, 2020).

Die Begrifflichkeiten und Rechtsansätze für die spätere Beurteilung sind daher zunächst mittels einer Inhaltsanalyse (großteils) internationaler Texte zu ermitteln. Während die Festlegung der Begrifflichkeiten auf Basis weitläufigem internationalen Verständnisses erfolgen soll bzw. kann, ist aus Sicht des Verfassers dieser Arbeit bei der rechtlichen Einordnung wichtig, Rechtsordnungen von Ländern heranzuziehen, die auf Basis ähnlicher Rechtsgrundsätze wie der österreichischen Rechtsordnung aufgebaut sind. Das deutsche Recht ist etwa dem Österreichischem in vielen Teilen ähnlich. Obwohl das BGB wesentlich jünger als das ABGB ist, bestehen in vielen Rechtsbereichen dieselben Ansätze, weshalb auch der Oberste Gerichtshof in einer Vielzahl von Rechtsfragen, Rechtsprechung des deutschen Bundesgerichtshofs heranzieht (Willhelm, 2010, S. 750-752). Deutsche Regelungselemente können daher für die Arbeit einen wichtigen Grundstein sein, anhand derer Rückschlüsse auf potentielle Regelungen in Österreich gezogen werden können.

Aus diesen Erkenntnissen werden im Rahmen einer deduktiven Analyse die wesentlichen Kriterien für „Green Lease“ und „Green Build“ erabeitet.

Nach Feststellung dieser für „Green Lease“ und „Green Build“ wesentlichen Kriterien erfolgt darauf basierend eine Inhaltsanalyse der österreichischen Rechtsordnung. Als Ausgangsbasis dafür ist zunächst zu ermitteln was derzeit bezüglich „Green Lease“ und „Green Building“ geregelt wird. Dazu muss der aktuelle Stand der Rechtsprechung,

Gesetze bzw. Verordnungen und der Lehre festgestellt werden. Obwohl Ö-Normen in Österreich über keinen rechtsverbindlichen Charakter verfügen, kann etwa im Bausektor ein Augemerk auf die nunmehr angepasste Ö-Norm B 2215 gelegt werden, die als spezielle Werkvertragnorm für Holzbauarbeiten, erlassen wurde.

Nachdem die Grundlage bzw. die anzuwendenden Rechtsnormen „abgesteckt" sind, gilt es, die Beantwortung der Forschungsfrage darauf aufbauend auszuarbeiten. Dazu sollen insbesondere bestehende Fachartikel und Lehrmeinungen, die zwar nicht per se auf „Green Lease" und „Green Building" eingehen (weil „green" in Österreich wie eingangs erwähnt, (noch) keinen rechtlichen Niederschlag gefunden hat), dennoch aber im Kern die gleichen Regelungsinhalte wie die eruierten Grundelemente aufweisen, betrachtet werden. Anhand der dort erlangten Erkenntnisse sind die für die Beantwortung der Forschungsfrage notwendigen Rückschlüsse zu ziehen und in weiterer Folge ist auf die Thematik „Green Lease", „Green Build" und „Green Buildings" einzugehen.

Das Forschungsdesign der Arbeit ist literaturbasiert. Einerseits erfolgt die Literaturrecherche im Internet unter Heranziehung diverser Onlinedatenbanken, wie RDB oder LexisNexis und unter dem Rechtsinformationssystem der Bundesrepublik Österreich (https://www.ris.bka.gv.at/). Andererseits wird einschlägige Fachliteratur in Form von Büchern und Zeitschriftenartikel herangezogen. Grundsätzlich beläuft sich daher das Forschungsdesign auf die Ermittlung der aktuellen Ausgangslage, insbesondere der einschlägigen Lehre und der Judikatur, durch Lesen von Judikaten, Kommentaren, Fachartikel und Fachbüchern.

1.5 Aufbau der Arbeit

Die Arbeit orientiert sich zunächst an einer allgemeinen Herleitung der Begrifflichkeiten und der Ausgangslage, um einen generellen Überblick über Begrifflichkeiten und Themen zu erhalten. Dazu wird zunächst der Begriff „green" historisch hergeleitet und seine Bedeutung für den Immobiliensektor analysiert. In weiterer Folge wird der Begriff in einen allgemeinen rechtlichen Kontext gesetzt, wobei in diesem Zusammenhang die rechtlichen Rahmenbedingungen erörtert werden. Auf Basis dieser Feststellung erfolgt anschließend eine Zweiteilung der Themen der beiden Hauptpunkte der Arbeit „Green Build" und „Green Lease". Die Hauptthemen dieser Spezialbereiche werden anschließend gesondert behandelt. Dabei erfolgt eine kurze Herleitung der für diese Spezialbereiche wichtigen Elemente über etwaige allgemeine Themen, um anschließend mit dem gefundenen „Rüstzeug" die einzelnen Forschungsfragen zu beantworten.

2 Der Begriff „Green“

2.1 Begriffserklärung und historische Herleitung

Um die Thematik dieser Arbeit festlegen zu können, gilt es eine allgemein gültige Definition des Begriffes ökologische Nachhaltigkeit oder auch volkstümlich „green“ genannt zu ermitteln, anhand derer die in dieser Arbeit angedachte rechtliche Beurteilung der dazugehörigen Themenaspekte vorgenommen werden kann.

Der Begriff Nachhaltigkeit entstammt ursprünglich aus der Forstwirtschaft. Wey (Wey, 1982, S. 157) schreibt die erstmalige Nennung des Begriffes „Nachhaltigkeit“ Hans Carl von Carlowitz zu. Hans Carl von Carlowitz brachte bereits im Jahr 1713 den Begriff der Nachhaltigkeit mit der Waldbewirtschaftung in Zusammenhang. Eine darüber hinaus gehende Verwendung des Begriffes erfolgte über 200 Jahre später, weswegen der Begriff Nachhaltigkeit erst im Jahr 1952 auf andere Bereiche des Wirtschaftslebens außerhalb der Fortwirtschaft übertragen wurde (Kalss, 2022, S. 49 ebenso Wey, 1982, S. 157). Wey (Wey, 1982, S. 157) setzte unter Verweis auf die Interparlamentarische Arbeitsgemeinschaft für naturgemäße Wirtschaftsweise folgenden Bezug zur Nachhaltigkeit: „Mit den sich erneuernden Hilfsquellen muss eine naturgemäße Wirtschaft betrieben werden, sodass sie nach dem Grundsatz der Nachhaltigkeit auch noch von den kommenden Generationen für die Deckung des Bedarfs der zahlenmäßig zunehmenden Menschheit herangezogen werden können.“

Begrifflich taucht „sustainable development“ (nachhaltige Entwicklung) erstmals in dem in den 1980 Jahren erschienenen World Conservation Strategy Paper der International Union for Conservation of Nature and Natural Resources [IUCN] auf. Die IUCN (IUCN, 1980, S. 18) folgte dem

Credo "we have not inherited the earth from our parents, we have borrowed it from our children“ (Übers. v. Verf.: wir haben Erde nicht von unseren Eltern geerbt, sondern von unseren Kindern geliehen), weswegen sie bereits 1980 eine Antwort auf den Umgang, insbesondere der Erneuerbarkeit und Zerstörbarkeit, mit den in der Natur lebenden Ressourcen suchte“ (Übers. v. Verf.).

Das Augenmerk der IUCN lag jedoch auf der Versiegelung von Flächen. Eine weiterführende nachhaltige Errichtung oder gar nachhaltige Nutzung von Immobilien war (noch) nicht Thema (IUCN, 1980, S. 23).

In dem 2014 erschienenen Buch Trade and Green Economy des UN Environment Programme [UNEP] definiert das UNEP (UNEP, 2014, S. 21; Übers. v. Verf.) eine grüne Wirtschaft wie folgt:

> Das Umweltprogramm der Vereinten Nationen (UNEP) definiert eine grüne Wirtschaft als eine Wirtschaft, die zu verbessertem menschlichen Wohlergehen und sozialer Gerechtigkeit führt und gleichzeitig Umweltrisiken und ökologische Knappheiten deutlich reduziert. Das Konzept erkennt daher die Untrennbarkeit der drei Säulen der nachhaltigen Entwicklung - soziale, wirtschaftliche und ökologische Entwicklung - an, mit dem Ziel, Triple-Win-Situationen zu fördern und in Fällen, in denen Kompromisse unvermeidlich sind, eine fundierte Entscheidungsfindung durch angemessene Daten und Informationen zu unterstützen.

Diese weite Umschreibung des Begriffs wurde mittlerweile im Jahr 2022 enger gefasst. Gemeinhin wird nunmehr unter grüner Wirtschaft das Beschäftigungs- und Einkommenswachstum durch öffentliche und private Investitionen in Wirtschaftstätigkeiten, Infrastrukturen und Vermögenswerte verstanden, die eine Verringerung der Kohlenstoffemissionen und der Umweltverschmutzung, eine verbesserte Energie- und Ressourceneffizienz sowie die Verhinderung des Verlusts von biologischer Vielfalt und Ökosystemleistungen ermöglichen (UNEP, 2022).

Internationale Organisationen, wie etwa die Vereinten Nationen [UN] (UN, 2016, S. 8), haben zur Bewältigung dieser neuen Aufgaben Richtlinien erschaffen, die eine nachhaltige Errichtung und Nutzung von Immobilien sicherstellen sollen. Die Vereinten Nationen haben in diesem Sinne 17 Ziele („Goals") entwickelt, die ein „nachhaltiges" Wirtschaften gewährleisten sollen. Abgesehen allgemeiner Kriterien, wie Einsparen von Energie und Wasser, nehmen diese Ziele allerdings keinen direkten Bezug auf Immobilien. Aufgrund der voranschreitenden Urbanisierung und Zentralisierung in den Ballungsräumen müssen - ohne Beeinträchtigung der Umwelt - stetig (neue) Unterkünften für die anwachsende Bevölkerung geschaffen werden, weswegen gerade für diese Themen Regelungen wichtig wären (UN, 2016, S. 8). Als weiteren Schritt waren daher Staaten und und/oder supranationale Organisationen gefordert, sich dieser Richtlinien anzunehmen, wodurch letztendlich zunächst unverbindlich gehandelten Begriffen rechtlicher Charakter verliehen werden soll. Diese von den Vereinten Nationen erstellten „Development Goals" wurden durch die Europäische Union für deren Agenda 2030 angepasst und erweitert (Cappelletti, Menghi, Rossi & Gemani, 2022, S. 199). Die Europäische Union hat 2019 um den Klimawandel und der Umweltzerstörung entgegenzuwirken ferner den Europäischen „Green Deal" bekannt veröffentlicht. Durch diesen soll eine nachhaltige EU-Wirtschaft erreicht werden soll (Brogyányi, & Burian, 2021, 158).

Damit der von der EU geplante „Green Deal“ umgesetzt werden kann, bedarf es insbesondere der Mitwirkung der in der EU ansässigen Unternehmen. Die Europäische Union hat dazu zwei ineinandergreifende Rechtsakte erlassen, wodurch diese Mitwirkung gesetzlich verankert werden soll. Einerseits schreibt die Verordnung 2020/852 (EU-Taxonomie Verordnung) einen rechtlich bindenden Kriterienkatalog vor, womit der „Grad“ der ökologischen Nachhaltigkeit für eine Investition gemessen werden soll (Repic, Richter-Schüller & Zahradnik, 2021, S 220). Dabei ist zu beachten, dass nachhaltige Investitionen und ökologisch nachhaltige Investitionen nicht dasselbe sind. Während eine nachhaltige Investition auch soziale Aspekte oder ökonomisch nachhaltige Unternehmensführung betreffen kann, definiert sich eine ökologisch nachhaltige Investition als eine oder mehrere Wirtschaftstätigkeiten, die ökologisch nachhaltig sind. Ökologische Nachhaltigkeit ist daher ein Unterfall der Nachhaltigkeit (Reimann & Schoenig, 2022, Rn 1153). Andererseits legt die Corporate Sustainable Reporting Directive [CSRD] in Verbindung mit der EU-Taxonomie Verordnung fest, dass Unternehmen in ihrer nichtfinanziellen Berichterstattung, die das Unternehmen treffenden Umweltaspekte veröffentlichen müssen (Art 8 EU-Taxonomie Verordnung). Die nichtfinanzielle Berichterstattung ist Teil des Lageberichts zum Jahresabschluss und wird daher auch durch den Abschlussprüfer geprüft, was bedeutet, dass auch die dort angeführten Umweltaspekte einer Prüfung zu unterzogen werden. Qualitative Anforderungen an Vermögensgegenstände oder Informationen werden aber keine gestellt (Brogyányi, & Burian, 2021, 184).

2021 hat die Europäische Kommission ebenso eine neue Nachhaltigkeitsstrategie für den Finanzsektor veröffentlicht, welche sechs Maßnahmen beinhaltet:

- Erweiterung des bestehenden Instrumentariums für nachhaltige Finanzierungen
- Verbesserung des Zugangs von kleinen und mittleren Unternehmen sowie Verbrauchern
- Stärkung der Widerstandsfähigkeit des Wirtschafts- und Finanzsystems gegenüber Nachhaltigkeitsrisiken
- Erhöhung des Beitrags des Finanzsektors zur Nachhaltigkeit
- Sicherstellung der Integrität des EU-Finanzsystems und Überwachung des geordneten Übergangs zur Nachhaltigkeit
- Entwicklung internationaler Initiativen und Standards zur Unterstützung von EU-Partnerländern

Darüberhinaus hat die Europäische Union neue Vorschläge für grüne Anlage („Green Bonds") erstellt. Es soll im Rahmen des European green bond standards ein Goldstandard geschaffen werden, unter diesem – unter Einhaltung strenger Nachhaltigkeitsstandards - Unternehmen grüne Anleihen ausgeben können (Barth, & Natlacen, 2021, S 201).

Zu erwähnen ist in diesem Zusammenhang ebenso, dass der Begriff grün („green") keineswegs losgelöst von der populären Verwendung im Zusammenhang mit Grün- und Freiflächen zu verstehen ist. Mit Green Economy ist etwa in den 1990 Jahren ist der Begriff grüne Infrastruktur aufgekommen. Die EU beschreibt grüne Infrastruktur als ein strategisch geplantes Netzwerk von natürlichen und naturnahen Gebieten mit unterschiedlichen Umweltmerkmalen, die so konzipiert und gemanagt werden, dass sie eine breite Palette von Ökosystemdienstleistungen wie Wasserreinigung, Luftqualität, Erholungsraum sowie Klimaschutz und -anpassung erbringen (John, H., Marrs, C., Neubert, M., 2019, S. 8). „Grüne" Maßnahmen beschränken sich daher keineswegs auf die Einsparung von Ressourcen, sondern auch auf deren langfristige Erhaltung (John, H., Marrs, C., Neubert, M., 2019, S 7).

Generell kann jedenfalls unter ökologischer Nachhaltigkeit gemeinhin ein schonender Umgang mit Ressourcen aller Art verstanden werden.

2.2 Ökologische Nachhaltigkeit im Immobiliensektor

Im vorhergehenden Kapitel wird allgemein der Begriff ökologische Nachhaltigkeit im Kontext des gesamten Wirtschaftslebens betrachtet. Die dort ermittelten allgemeinen Ansätze liefern zwar erste Indikationen über den Begriff, für eine tiefer gehende Beurteilung bedarf es allerdings einer Definition, die auf den Immobiliensektor bezogen werden kann. Ohne diese können weder die rechtlichen Rahmenbedingungen definiert, noch weitere Schlussfolgerung abgeleitet werden. Zu beachten ist, dass zwei Aspekte untersucht werden sollen: eine „grüne“ Errichtung sowie eine „grüne“ Erhaltung/Bewirtschaftung. Vom in diesem Kapitel erörterten allgemeinen Begriff einer „grünen“ Immobilie gilt es daher, in weiterer Folge auf die typischen Parameter der beiden Untergruppen bezugzunehmen und auf diese einzugehen.

Yudelson (Yudelson, 2008, S. 15; Übers. d. Verf.) definiert den Begriff Green Building wie folgt: „Eine leistungsstarke Immobilie, die ihre Auswirkungen auf die Umwelt reduziert und die menschliche Gesundheit berücksichtigt.“ Weiters sei nach Yudelson (Yudelson, 2008, S. 15) das grüne Gebäude so konzipiert, dass es weniger Energie und Wasser verbraucht und die Umweltauswirkungen der verwendeten Materialien über den gesamten Lebenszyklus gering gehalten werden. Green Building ist heutzutage ein durchaus populärer Begriff, der als Synonym für nachhaltiges („sustainable“) Bauen und „High Performance Construction“ verwendet wird. Auf dieser Definition von Yudelson aufbauend muss für ein Green Building nach Dwaikat & Kherun (Dwaikat & Kherun, 2015, S. 397) der gesamten Lebenszyklus eines Gebäudes betrachtet werden, der unter anderem das verwendete Material, die Akquisition, die Installation und den Betrieb bis hin zum Recycling der verwendeten Materialien umfasst. Kibert (Kibert, 2015, S. 11) sieht in dem Begriff "Green Building" Nachfolgendes: „The term green building refers to the quality and characteristics of the actual structure created using the principles and methodologies of sustainable construction“ (Übers. v. Verf. „Der Begriff Green Building verweist auf Qualität und Eigenschaften der Struktur, unter Anwendung der Prinzipien und Praktiken des nachhaltigen Bauens“). Er sieht in einem grünen Gebäude eine gesunde Einrichtung, die unter Verwendung ökologischer Prinzipien ressourcenschonend entworfen und gebaut wurde (Kibert, 2015, S. 11).

Neben diesen internationalen Ansätzen finden sich nationale Ansätze im Hinblick auf die Definition „grüner“ Immobilien - etwa im aktuellen Regierungsprogramm „Aus Verantwortung für Österreich“. Obzwar nicht direkt Bezug auf grüne Immobilien genommen wird, verbindet die österreichische Regierung (Bundeskanzleramt Österreich, 2020, S. 77) mit nachhaltigen Immobilien erkennbar einerseits eine ressourcenreduzierte Gebäudeerrichtung unter Verwendung ökologischer Baumaterialien (wie etwa Holz) sowie andererseits den ressourcenarmen Betrieb von Gebäuden, was ebenso eine effiziente (Wieder-)Verwendung von Ressourcen (z.B.: die Nutzung von Grauwasser) mitumfasst. Demnach wird im Regierungsprogramm stark auf alternative Baustoffe, effiziente Planung unter Vermeidung bzw. Reduktion von Flächenversiegelungen Wert gelegt. Die Regierung (Bundeskanzleramt Österreich, 2020, S. 77) wünscht sich eine hochwertige Quartiersentwicklung mit Grünräumen, Reduktion der versiegelten

Flächen, Dachbegrünungen, konstruktiven Überwärmungsschutz, Ausbau von Energienetzen und aktiven Kühlmöglichkeiten. Schopper und Setz (Schopper & Setz, 2022, S. 35) unterscheiden ferner im Zusammenhang mit Nachhaltigkeit zwischen „Green Building“ und „Blue Building“. Green Building steht aus Sicht der vorgenannten Autoren für Gebäude, die durch Planung, Bau und/oder Betrieb negative Auswirkungen auf Klima und Umwelt verringern und dadurch vor allem ökologische Nachhaltigkeitskriterien erfüllen. „Blue Buildings“ sind lediglich Gebäude, die ökologische, ökonomische und soziale Nachhaltigkeitskriterien berücksichtigen. Die Österreichische Gesellschaft für Nachhaltige Immobilienwirtschaft [ÖGNI] (ÖGNI, Gebäude & Energie, S. 12) hat letztlich unter Anlehnung der in der Agenda 2030 der Vereinten Nationen definierten Sustainable Development Goals Kernthemen bestimmt, die ein Gebäude erfüllen muss, um als „nachhaltig“ zu gelten. Diese Kernthemen sind stark fokussiert auf Energieproduktion, -verwendung und -speicherung und behandeln ein breites Spektrum von Solaranalgen auf dem Dach oder Energieerzeugung durch Abwasser, über Energiespeicherung durch Bauteilaktivierung bis hin zu einem Energiebudget von Mieter*innen (ÖGNI, Gebäude & Energie, S. 12). Zur Feststellung, ob ein nachhaltiges Gebäude vorliegt oder nicht, stellt die ÖGNI etwa eine Zertifizierung in Aussicht. Bei der Ermittlung des Begriffes „Green Buildings“ können daher ebenso die gängigsten Zertifizierungssysteme miteinbezogen werden. Eine technische Festlegung wurde allerdings noch nicht niedergeschrieben. Eine OIB-Richtlinie 7 zur nachhaltigen Nutzung der natürlichen Ressourcen soll frühstens 2027 veröffentlich werden (Stadler, 2022, S. 20).

Landläufig wird demnach unter der Begrifflichkeit „Green“ ein nachhaltiger und sparsamer Umgang mit Ressourcen verstanden. Ein Gebäude ist als „green“ zu verstehen, wenn es einerseits ressourcenschonend unter

Verwendung ökologischer Materialien errichtet wurde oder andererseits nachhaltig, wenn es in einer energieeffizienten Weise, bewirtschaftet werden kann. Tatsächlich umfasst der Nachhaltigkeitsbegriff aber ein weitaus breiteres Spektrum, welches sich zumindest aus den drei gleichrangigen Dimensionen zusammensetzt: ökologische Dimension, ökonomische Dimension und soziale Dimension. Unter Ökologischer Dimension wird der Umgang mit natürlichen Ressourcen, Reduzierung des Energie- und Ressourcenbedarfs, Reduzierung von Luft- und Wasserverunreinigung sowie generell Vermeidung von Abfall und die Reduktion der Versiegelung von Flächen verstanden. Die ökonomische Dimension beschäftigt sich mit der Reduktion der Lebenszykluskosten (insbesondere der anfallenden Betriebskosten) und Schaffung flexibler Nutzungsmöglichkeiten. Die soziale Dimension befasst sich wiederum mit der Erhöhung des Komforts, der Barrierefreiheit sowie der Erhaltung schützenswürdiger Güter und der Minimierung von Gesundheitsrisiken (Artner & Pugl, 2021, S. 125).

2.3 Rechtliche Einordnung des Begriffes „Green"

Die neuen Vorgaben für die ökologische Nachhaltigkeit bergen allerdings auch Risiken. Aufgrund der Neuartigkeit ist insbesondere auch die Gefahr einer Fehlinterpretation groß (Lenoble, 2022, S. 106). Eine genaue (rechtliche) Eingrenzung des Themas Nachhaltigkeit ist daher wichtig.

Im Bereich der Werbung wird etwa regelmäßig die erhöhte Täuschungseignung von den Begriffen „Green"- bzw. „Blue Washing" andiskutiert. In diesem Bereich stellt die wesentlichste Rechtsgrundlage für die Beurteilung von nachhaltigen Werbemaßnahmen das Bundesgesetz gegen den unlauteren Wettbewerb (UWG) dar. Werden etwa durch die unzulässige Verwendung ökologischer Begriffe Kennzeichnungspflichten verletzt, könnte damit bereits unter den bestehenden gesetzlichen Regelungen ein

Verstoß gegen § 2 UWG vorliegen (Anderl & Ciarnau, 2021, S. 91). 2021 hat der Verein für Konsumenteninformation außerdem einen Schwerpunkt zur Bekämpfung von Green Washing ausgerufen und angekündigt, diese Thematik regelmäßig bei Unternehmen prüfen zu wollen (Anderl & Ciarnau, 2022, S. 75). Der OGH (4 Ob 202/12b) hat dazu etwa in seiner Entscheidung vom 28.11.2012 festgelegt, dass ein*e Verbraucher*in unter dem Begriff klimaneutral eine Produktion, Lieferung und/oder Leistung ohne Ausstoß von Treibhausgasen versteht (Majchrzak, 2021 und Pflügl, 2022). Mit ihrer Richtlinie für „Green Claims" will die EU-Kommission stärkere Maßnahmen setzen, um unzutreffende Werbebehauptungen zur Nachhaltigkeit von Produkten zu unterbinden. Sämtliche Produkte sind mittels Bewertungssystem zu bewerten, wobei es gilt, den gesamten ökologischen Fußabdruck des Produktes einzufangen. Das bedeutet, ist etwa die Herstellung des Produkts in Teilbereichen nachhaltig, in anderen Bereichen jedoch nicht, sind sowohl die positiven als auch die negativen Merkmale offenzulegen. Die Richtlinie ist strenger als die bisherige Judikatur und wird vorsehen, dass einerseits eigene Behörden einzurichten sein werden, die etwaige Verstöße behandeln, und andererseits – was für die werbende Person maßgeblicher sein wird -, dass empfindliche Geldbußen anfallen werden, sollte eine Werbeaussage sanktioniert werden müssen (Kary in Druck).

Ähnlich verhält es sich im Kartellrecht. Das mittlerweile in Kraft getretene Kartell- und Wettbewerbsrechts-Änderungsgesetz 2021 erweitert das im Kartellrecht zur Anwendung kommende durchaus strenge Regelkorsett dahingehend, dass Wettbewerbsbeschränkungen für rein ökologisch nachhaltiges oder klimaneutrales Wirtschaften zugelassen werden. Absprachen von Unternehmen mit dem Ziel einer ökologisch nachhaltigen oder klimaneutralen Wirtschaft sind daher zulässig, sofern auch alle bislang bestehenden Voraussetzungen erfüllt werden. Das KaWeRÄG 2021 versteht unter ökologischer Nachhaltigkeit einen vorausschauenden und rücksichtsvollen Umgang mit natürlichen Ressourcen mit dem Ergebnis, dass Bedürfnisse der heutigen Generation ohne Beeinträchtigung der Möglichkeiten künftiger Generationen gedeckt werden können (Plattner, 2022 S. 35).

Ein einheitliches Regelwerk, wann etwas als nachhaltig anzusehen ist, gibt es allerdings bislang nicht (Kraml in Druck). Diese Problematik wird dadurch verstärkt, dass dem österreichischen Immobilienmarkt generell ein weitläufiges gemeinsames Verständnis marktüblicher ökologischer Standards fehlt (siehe dazu bereits 2.2) und „grüne" Bestimmungen sind kaum typischer Bestandteil kommerzieller Miet- und Pachtverträge (Koller & Pressler, 2020). Schopper und Setz (Schopper & Setz, 2022, S. 35) sehen im Begriff „Nachhaltigkeit" ferner einen Typenbegriff, weswegen eine Herleitung aus den Gesetzen der Logik nicht möglich ist. Dennoch konnten die beiden Vorgenannten einzelne Elemente ausfindig machen, die den Nachhaltigkeitsbegriff prägen. Im Zusammenhang mit nachhaltigen Gebäuden werden ebenso die drei Begriffe Ökologie, Ökonomie und Solziales genannt (siehe dazu bereits 2.2). Letztlich jedoch ist der Begriff nicht exakt abgrenzbar und muss diese unklare Begriffsdefinition bei der Bearbeitung diese Gebiete betreffende Rechtsfragen stets beachtet werden (Schopper & Setz, 2022, S. 35).

Um Voraussetzungen für eine „grüne" Errichtung und „grüne" Bewirtschaftung festlegen zu können, müssen daher exakte Kritierien definiert werden, anhand derer sich vertragliche und gesetzliche Regelungen ableiten lassen.

2.4 EU-Taxonomie

Mit der am 18.06.2020 von der Europäischen Union erlassenen EU-Taxonomie Verordnung (Verordnung (EU) 2020/852) befasst sich die Europäische Union mit nachhaltigen Investment. Die EU-Taxonomie Verordnung führt ein Klassifizierungssystem für Finanzprodukte ein, das festlegt, welche Geschäftstätigkeiten als ökologisch nachhaltig angesehen werden können (Gehmayr & Gross, 2022, S. 14).

Die Europäische Union möchte damit bei der Vermarktung von Finanzprodukten oder Unternehmensanleihen als ökologisch nachhaltige Investitionen das Anleger*innenvertrauen und das Bewusstsein für die Umweltauswirkungen dieser Finanzprodukte oder Unternehmensanleihen stärken. Die Klassifizierung soll maßgeblich „Greenwashing" hintanhalten. Unter „Greenwashing" wird in diesem Zusammenhang die Erlangung eines unfairen Wettbewerbsvorteiles durch die Bewerbung eines Finanzprodukts als umweltfreundlich verstanden, obwohl grundlegende Umweltstandards eben nicht eingehalten wurden (Erwägungsgrund 11 EU-Taxonomie Verordnung).

Die EU-Taxonomie Verordnung legt dazu sechs Umweltziele fest, wobei die betroffenen Finanzmarktteilnehmer*innen berichten müssen, inwieweit ihre Finanzprodukte mit der EU-Taxonomie in Einklang stehen (Reimann & Schoening, 2022, Rn 1158 ff).

Die Umweltziele sind Kilmaschutz, Anpassung an den Klimawandel, Nachhaltige Nutzung von Wasser und Meeresressourcen, Übergang zu einer Kreislaufwirtschaft, Vermeidung und Verminderung von Umweltverschmutzung und Schutz und Wiederherstellung von Biodiversität und Ökosystem (Controller Institut, 2022).

Damit eine getroffene Maßnahme als nachhaltig im Sinne der EU-Taxonomie Verordnung eingestuft werden kann, muss die Maßnahme einerseits einen substantziellen Beitrag zu mindestens einem der sechs Klimaziele leisten, die Maßnahme darf andererseits aber auch nicht ein anderes Umweltziel erheblich beeinträchtigen („do no significant harm") (Scherzer, 2022).

Für das Geschäftsjahr 2021 unterlagen nach der CSRD betroffene Unternehmen nur einer eingeschränkten Berichtspflicht über den Einklang mit den Umweltzielen Klimaschutz und Anpassung an den Klimawandel. Für das Geschäftsjahr 2022 müssen die betroffenen Unternehmen nunmehr auch über ihre Konformität mit den restlichen vier Umweltzielen[1] Bericht erstatten. Gehmayr & Gross (Gehmayr & Gross, 2022, S. 15) sehen die drei Kennzahlen Umsatz, CapEx und OpEx im Fokus der Berichterstattung, wobei hier nur der jeweilige Anteil an ökoligisch nachhaltigen Wirtschaftstätigkeiten auszuweisen ist. Betroffene Unternehmen sind Finanzmarktteilnehmerinnen, die Finanzprodukte bereitstellen, und Unternehmen, für die die Verpflichtung gilt, eine nichtfinanzielle Erklärung oder eine konsolidierte nichtfinanzielle Erklärung nach Artikel 19a bzw. Artikel 29a der Richtlinie 2013/34/EU zu veröffentlichen. Das sind derzeit (2023) große Unternehmen bzw. Konzernmütter von öffentlichem Interesse, die mehr als 500 Mitarbeiter*innen beschäftigen. Bezüglich des Anwendungsbereichs für

---

[1] Nachhaltige Nutzung von Wasser und Meeresressoucen, Übergang zu einer Kreislaufwirtschaft, Vermeidung und Verminderung von Umweltverschmutzung und Schutz und Wiederherstellung von Biodiversität und Ökosystemen

nicht Finanzmarktteilnehmer*innen hat das Europäische Parlament allerdings bereits mit Entschließung vom 17.12.2020 klargestellt, dass eine Ausdehnung des Anwendungsbereiches auf alle großen Unternehmen nach Artikel 3 Absatz 4 der Richtlinie 2013/34/EU, unabhängig davon, ob diese börsennotiert sind oder nicht, erfolgen soll (Europäisches Parlament, 2020). Obwohl daher derzeit ein Gros der Unternehmen durch ihre möglichen Vertragspartner, die berichtspflichtig sind, nur „indirekt" einer Anwendung der EU-Taxonomie Verordnung ausgesetzt sind, ist zu erwarten, dass auch der „direkte" Anwendungsbereich der Verordnung massiv ausgeweitet werden wird (Maier & Wilhelm, 2022).

Obwohl bei oberflächlicher Betrachtung ein direkter Immobilienbezug nicht vorliegt, soll mit der EU-Taxonomie Verordnung ein Klassifizierungssystem für nachhaltige Immobilien erstellt werden, das Investor*innen, Unternehmen und Projektträger*innen dabei helfen soll, ihre Immobilien bzw. wirtschaftliche Aktivitäten an den Kriterien der Nachhaltigkeit auszurichten (BMK, 2021). In diesem Zusammenhang ist allerdings darauf hinzuweisen, dass die EU-Taxonomie Verordnung nur dann anwendbar ist, wenn das betroffene Unternehmen seine bzw. bestimmte Wirtschaftstätigkeiten als nachhaltig ausweist (Kodozil & Orthmann, 2021). Scherzer (Scherzer, 2022) führt in diesem Zusammenhang zwar aus, dass die Anwendung der EU-Taxonomie Verordnung freiwillig ist, sofern das Investment nicht als nachhaltig bezeichnet wird. Dennoch unterliegen die betroffenen Unternehmen seiner Ansicht nach einem wirtschaftlichen Druck, weil ohne eine derartige Bezeichnung mit einem Wettbewerbsnachteil und Rückgang von Investitionen gerechnet werden muss. Kodozil und Orthmann (Kodozil & Orthmann, 2021) sehen ferner auch eine mögliche Entlastung bei

Eigenkapitalsquoten für nachhaltige Investments, wobei anzunehmen ist, dass finanzierungsseitig nachhaltige und transparente Projekte als besonders risikoarm eingeschätzt und somit priorisiert werden (Tomaek & Mitrovic, 2021, S. 52). Nachdem Investor*innen ihr Kapital vermehrt nach ökologischen Werten anlegen werden, entsteht für alle, die ESG-Konformität nachweisen können, ein klarer Wettbewerbsvorteil (Tomaek & Mitrovic, 2021, S 52). Obwohl daher Immobilien, etwa als Bestandteil eines Portfolios eines Immobilienfonds, zwar nicht unmittelbar der EU-Taxonomie Verordnung unterliegen, muss der Immobilienfond als Finanzprodukt diese Regularien beachten, weswegen er daher bei seiner Investmententscheidung die Immobilie auf die Einhaltung der Kritierien zur ökologischen Nachaltigkeit wird prüfen müssen (Reimann, S. & Schoenig, K, 2022, Rn 1156). Ungeachtet der Möglichkeiten die Vorgaben der EU und der Europäischen Kommission nicht für sich gelten zu lassen, bestehen wesentliche wirtschaftliche Impulse, Investments dennoch als nachhaltig auszuweisen.

Um die Bedingungen festzulegen, unter welchen Voraussetzungen Tätigkeiten und die damit verbundenen Umsatzerlöse und Ausgaben als taxonomiekonform gelten, hat die Kommission der EU eine Delegierte Verordnung erlassen, die in ihrem Anhang technische Kriterien für die Bewertung der Nachhaltigkeit von Immobilien vorschreibt (Delegierte Verordnung (EU) 2021/2139 [DelVO]). Nach Scherzer (Scherzer, 2022) sieht die EU-Taxonomie Verordnung folgende Fälle vor: (i) Errichtung neuer Gebäude, (ii) Erwerb von Gebäuden und (iii) Renovierung von bestehenden Gebäuden, wobei bei Renovierung zwischen Maßnahmen zur Sanierung, Einbau erneuerbarer Energien und fachlicher, wissenschaftlicher und technischer Tätigkeiten unterschieden wird.

Während der Fall Errichtung neuer Gebäude unter Green Build weiter untersucht werden muss, fallen die bei Renovierung anfallenden Problemfälle unter Green Lease. Die Vorgaben zum Erwerb von und Eigentum an Gebäuden betreffen sowohl Errichtung als auch Vermietung.

2.4.1 EU-Taxonomie: Neubau

Neubau ist nach der Delegierten Verordnung die Entwicklung von Bauprojekten für Wohn- und Nichtwohngebäude durch Zusammenführung finanzieller, technischer und materieller Mittel zur Realisierung der Bauprojekte für den späteren Verkauf sowie Bau vollständiger Wohn- oder Nichtwohngebäude auf eigene Rechnung zum Weiterverkauf oder auf Honorar- oder Vertragsbasis (Punkt 7.1. Anhang I DelVO).

Je nachdem für welches Klimaziel (Klimaschutz oder Anpassung an den Klimawandel)[2] nunmehr ein wesentlicher Beitrag erbrachten werden soll, sieht die Delegierte Verordnung andere Bewertungskriterien vor. Die sonstigen Kriterien, die das Vorliegen einer erheblichen Beeinträchtigung vorgeben, sind allerdings bei beiden Umweltzielen gleich. Eine Vermeidung der Umweltverschmutzung bei gleichbleibender Tätigkeit kann natürlich mit denselben Mitteln erzielt werden, unabhängig davon, ob nunmehr diese Tätigkeit zusätzlich einen erheblichen Beitrag zum Klimaschutz oder zur Anpassung an den Klimawandel erbringen soll.

---

[2] Es gibt zwar bereits erste Entwürfe zu den anderen Klimazielen. Dort werden allerdings – mit Ausnahme der Kreislaufwirtschaft - keine Tätigkeiten genannt, die im Rahmen der Gebäudeerrichtung einen wesentlichen Beitrag zur Erreichung des jeweiligen Ziels beitragen.

Die Errichtung eines neuen Gebäudes zählt entsprechend der Delegierten Verordnung als wesentlicher Beitrag zum Klimaschutz, wenn der Primärenergiebedarf 10% unter dem Schwellenwert für Niedrigstenergiegebäude liegt. Weiters muss bei Gebäuden mit einer Fläche von 5.000 m² das Lebenszyklustreibhauspotenzial für jede Phase im Lebenszyklus berechnet und das Gebäude bei Fertigstellung auf Luftdichtheit und thermische Integrität geprüft werden. Demgegenüber ist im Rahmen der Erbringung eines wesentlichen Beitrags zur Anpassung an den Klimawandel, das Umweltziel Klimaschutz lediglich dann wesentlich beeinträchtigt, wenn der Primärenergiebedarf über den Schwellenwert für Niedrigstenergiegebäude liegen würde (Punkt 7.1. Anhang I DelVO). Anhand dieses Beispiels lässt sich erkennen, dass zusätzlich Anstrengungen zu erbringen sind, um einen wesentlichen Beitrag zu einem Umweltziel zu erzielen.

Um einen wesentlichen Beitrag zum Klimawandel erbringen zu können, müssen durch die nachhaltige Wirtschaftstätigkeit physische und nicht physische Lösungen umgesetzt werden, mit denen die wichtigsten Klimarisiken erheblich reduziert werden, die für diese Tätigkeit wesentlich sind. Klimarisiken sind chronische und akute Klimarisiken, die in die Kategorien Temperatur, Wind, Wasser und Feststoffe unterteilt sind. Temperatur umfasst etwa Hitzestress, Abbauen des Permafrostbodens und Temperaturänderungen. Risiken betreffend Wind sind Wirbelstürme (mitsamt den Abwandlungen zu Land und Wasser) und Änderungen der Windverhältnisse. Wasser beschreibt etwa Risiken wie Änderung der Niederschlagsmuster oder akute Risiken wie Dürre oder Hochwasser (Anlage A DelVO). Damit jedoch diese Lösung als wesentlicher Beitrag zur Anpassung des Klimawandels gezählt werden kann, (a) darf diese bei Menschen und der Natur, dem Kulturerbe sowie bei Vermögenswerten und anderen Wirtschaftstätigkeiten zu keiner Beeinträchtigung der

Anpassungsbemühungen gegenüber physischen Klimarisiken führen, (b) muss diese vorzugsweise naturbasierte Lösungen umfassen bzw. sich nach Möglichkeit auf blaue oder grüne Infrastruktur stützen und (c) soll diese sich mit den lokalen, sektoralen, regionalen bzw. nationalen Anpassungsplänen und -strategien decken (Punkt 7.1.4. Anhang II DelVO). Die Kommission (Fußnote 569 Punkt 7.1.4 Anhang II DelVO) versteht unter naturbasierten Lösungen „von der Natur inspirierte und darauf aufbauende Lösungen, die kosteneffizient sind und gleichzeitig ökologische, soziale und wirtschaftliche Vorteile bieten sowie zum Resilienzaufbau beitragen." Durch derartig ressourceneffiziente Anpassungen soll eine vielfältigere Natur und eine Steigerung natürlicher Merkmale und Prozesse insbesondere in Städten ermöglicht werden. Naturbasierte Lösungen fördern daher die biologische Vielfalt und unterstützen die Erbringung einer Reihe von Ökosystemleistungen. Als naturbasierte Lösungen sieht die European Environment Agency [EEA] im Zusammenhang mit Immobilien etwa die Begrünung der Gebäudehülle vor (EEA, 2021, S. 66). Derartige Maßnahmen fördern die Anpassung an den Klimawandel und die Reduktion von Risiken im Bereich Wasser- und Hitzemanagement. Wie eine von der EEA aufgenommene Studie etwa zeigt, können begrünte Dächer in heißen Sommern bis zu 30° kühler als konventionelle Dächer sein (EEA, 2021, S. 67). Als Musterbeispiel für grüne Infrastruktur wird etwa von der Kommission der EU die Wiener Hochquellenwasserleitung genannt. Die in diesem Zusammenhang gestellte nachhaltige Nutzung von Waldboden zur Sammlung und Filterung von Wasser und das damit in Zusammenhang stehende Hintanstellen anderer Wirtschaftszweige wie Jagd oder Holzproduktion ist ein Musterbeispiel im Bereich nachhaltigen Wassermanagements (Europäische Kommission, 2013, S. 14).

Um schlussendlich durch die Wirtschaftstätigkeit Neubau (zumindest bezogen auf die beiden bekannten Umweltziele Klimawandel und Anpassung zum Klimaschutz) keine wesentliche Beeinträchtigung hinsichtlich der nachhaltigen Nutzung und Schutz von Wasser- und Meeresressourcen zu erzielen, sind aus rechtlichen Gesichtspunkten, insbesondere die Vorgaben zum Wasserverbrauch, zu beachten. Dabei dürfen Wasserhähne an Handwaschbecken und Spülarmaturen nur einen maximalen Wasserdurchfluss von 6 Liter/min und Duschen einen maximalen Wasserdurchfluss von 8 Liter/min haben. Toiletten, Becken und Spülkästen, haben ein volles Spülvolumen von höchstens 6 Liter und ein durchschnittliches Spülvolumen von höchstens 3,5 Liter aufzuweisen. Urinale verwenden höchstens 2 Liter Wasser pro Becken und pro Stunde, wobei das volle Spülvolumen von Spülurinalen höchstens 1 Liter beträgt. Eine wesentliche Beeinträchtigung zum Übergang einer Kreislaufwirtschaft wird vermieden, wenn 70 % aller Bau- und Abbruchabfälle für die Wiederverwendung, das Recycling und eine sonstige stoffliche Verwertung, einschließlich Auffüllarbeiten, bei denen Abfälle als Ersatz für andere Materialien zum Einsatz kommen. Zur Vermeidung der Umweltverschmutzung müssen Baustoffe und Baubestandteile weniger als 0,06 mg Formaldehyd pro m^3 Baustoff[3] und weniger als 0,01 mg an anderen krebserregenden flüchtigen organischen Verbindungen der Kategorien 1A und 1B pro m^3 Baustoff oder

---

[3] Um etwa bei einer Bewertung nach DNGB die höchste Punktezahl (Qualitätsstufe 4) erzielen zu können, bedarf es lediglich eines Formaldehydemission von 0,062 mg/m^3 (vgl. DGNB-System – Kriterienkatalog Gebäude) Neubau Version 2018, Punkt 47 a, Seite 135). Die EU-Taxonomie setzt daher etwa in diesem Punkt durchaus hohe Maßstäbe, zumal die Einhaltung dieser Kriterien (als erhebliche Beeinträchtigung) ein Knockout Kriterium für eine nachhaltige Investition ist.

Bestandteil gemäß CEN/EN 16516290 oder ISO 16000- 3:2011291 oder unter anderen gleichwertig genormten Prüfbedingungen und -methoden emittieren. Weiters darf ein Neubau nicht auf Acker- und Kulturflächen mittlerer bis hoher Bodenfruchtbarkeit oder auf unbebautem Land mit anerkannt hohem Wert hinsichtlich der biologischen Vielfalt und Flächen sein, die als Lebensräume gefährdeter Arten, oder in Wäldern errichtet werden, andernfalls eine erhebliche Beeinträchtigung des Klimazieles des Schutzes und der Wiederherstellung der Biodiversität und der Ökosysteme vorliegt (Anhang II DelVO)[4].

2.4.2 EU- Taxonomie: Renovierung

Im Sinne der *Tätigkeit Renovierung* liegt ein *wesentlicher Beitrag zum Klimaschutz* vor, wenn entweder eine große Renovierung erfolgt oder die Renovierung zu einer Verringerung des Primärenergiebedarfes um mindestens 30% führt (Punkt 7.2. Anhang I DelVO). Ferner darf die Tätigkeiten die anderen Umweltziele – wie bereits bei Neubau (2.4.1) beschrieben – nicht erheblich beinträchtigen (Punkt 7.2. Anhang II DelVO).

2.4.3 EU-Taxonomie: Erwerb von und Eigentum an Gebäuden

Auch bei der Tätigkeit Erwerb von und Eigentum an Gebäuden geben die EU-Taxonomie Verordnung bzw. die daraus abgeleiteten Rechtsakte Kriterien vor. Zur Erreichung eines wesentlichen Beitrages zum Klimaschutz unterscheidet die DelVO zwischen Gebäuden, die vor und nach dem

---

[4] Die Delegierte Verordnung wird aktuell überarbeitet und liegt dem Verfasser bereits ein Erstentwurf vor. Es ist wahrscheinlich, dass sich diese Grenzen zur Schadstoffemission nur mehr auf Farben, Lacke und Bindemittel, etc. beschränken werden.

31.12.2020 errichtet worden sind. . Gebäude, die nach dem 31. Dezember 2020 gebaut wurden, müssen die bereits oben erwähnten Kriterien für Neubauten erfüllen (Punkt 7.7 Anhang I DelVO). Der An- und Verkauf von Gebäuden, die nach dem 31.12.2020 errichtet worden sind, ist demnach als „green" anzusehen, wenn das Gebäude den Anforderungen eines Neubaus im Sinne der EU-Taxonomie Verordnung entspricht. Gebäude, die vor dem 31. Dezember 2020 gebaut wurden, müssen mindestens einen EPC (= Maß für die Energieeffizienz eines Gebäudes) der Klasse A aufweisen. Alternativ kann das Gebäude auch zu den oberen 15% des nationalen oder regionalen Gebäudebestands (differenziert zwischen Wohn- und Nichtwohngebäuden) zählen. Entsprechend der OIB-Richtlinie 6 bedeutet Energieklasse A für ein Gebäude, bezogen auf das Standortklima, einen Heizwärmebedarf (HWB) von maximal 25 kWh/m² pro Jahr, einen Primärenergiebedarf (PEB) von maximal 80 kWh/m² pro Jahr, Kohlendioxidemissionen (CO2) von maximal 15 kg/m² pro Jahr und einen Gesamtenergieeffizienz-Faktor (fGEE) von 0,85 oder weniger (7.1.4. OIB-Richtiline 6). Unklarheiten bestehen weiterhin, ob alle vorgenannten Energiekennzahlen oder nur etwa eine Energiekennzahl in Klasse A liegen muss. Das BMK (BMK, 2023, S 21) sieht etwa den nicht erneuerbaren Anteil des Primärenergiebedarfes für Heizenergie (Wärme, Warmwasser) sowie die benötigten (elektrischen) Hilfsenergie als den zu beurteilenden Wert. Bei Nichtwohngebäuden fällt zumindest der Betriebsstrom nicht darunter (BMK, 2023, S 21). Diese Ansicht widerspricht allerdings aus Sicht des Verfassers der EU-Taxonomie Verordnung. Zuletzt hat die Europäische Kommission (Europäische Kommission, 2022, S. 56, Frage 130) etwa bei der Wirtschaftstätigkeit Renovierung klargestellt, dass für die Reduktion des Energieverbrauches der Gesamtenergieverbrauch heranzuziehen ist. Dabei kommt es zu keiner Unterscheidung zwischen erneuerbarer und nicht erneuerbarer Energie. Eine dahingehende Verbesserung des Energiebezuges könnte aber als wesentlicher Beitrag zur Tätigkeit Installation, Instandhaltung und Reparatur von erneuerbaren Energien gewertet werden. Für die Feststellung, ob ein Gebäude zu den obersten 15 % des regionalen Gebäudebestandes gehört, fehlt überhaupt derzeit eine öffentlich zugängliche Statistik (IG Lebenszyklus Bau, 2021, S 24).[5]

Um einen wesentlichen Beitrag für das Klimaziel Anpassung an den Klimawandel zu erbringen, müssen ebenso die bereits bei Neubau und Renovierung als wesentlicher Beitrag angeführten Voraussetzungen erfüllt werden (Punkt 7.7. Anhang II DelVO). Bei der Kategorie Erwerb und Eigentum ist jedenfalls beachtlich, dass abgesehen von der Vermeidung einer erheblichen Beeinträchtigung des Klimaziels Kilmaschutz bzw. Anpassung an den Klimawandel (abhängig davon, zu welche der beiden Vorgenannten ein wesentlicher Beitrag erbracht werden soll) keine Vorgaben gemacht werden, wann eine erhebliche Beeinträchtigung bei den anderen – nicht zuvor genannten – Klimazielen verursacht werden könnte (Europäische Kommission,2022, S 59, Antwort 141). Ebenso anzumerken ist, dass sich der*die Käufer*in einer in Errichtung befindlichen Immobilie aussuchen kann, ob er*sie lieber einen wesentlichen Beitrag unter Neubau oder Erwerb von und Eigentum an Immobilien leisten möchte (Europäische Kommission, S. 60, Antwort 144). In Anbetracht der wesentlich geringeren Anforderungen an Erwerb von und Eigentum an Immobilien werden wohl viele Investor*innen dieser Tätigkeit den Vorzug geben.

---

[5]Diese oberen 15 % des Gebäudebestandes sind ebenso nicht aus dem Energieausweis ableitbar.

2.5 Zertifizierungen und deren Erreichbarkeit

Angaben zur Umweltverträglichkeit und Social Responsibility sind meist nur schwierig bis gar nicht überprüfbar (Anderl & Ciarnau, 2022, S. 74). Um daher festzustellen, ob es sich bei Bauvorhaben bzw. Gebäuden tatsächlich um „Green Buildings" handelt, bestehen einige Ratingsysteme. International gesehen gibt es mittlerweile eine Vielzahl von Zertifizierungssystemen für nachhaltige Gebäude. Diese wurden teilweise auf einer gemeinsamen Grundlage entwickelt, aber an die Aspekte des jeweiligen Landes angepasst (Rottke & Thomas, 2017, S. 488). Alle Systeme vereint ein gemeinsames Ziel, die Qualität der Nachhaltigkeit der Gebäude zu bewerten. Anhand der definierten Richtlinien und Werte werden Planung, Bau und Betrieb nachhaltiger Gebäude zertifiziert (Bauer & Mösle, 2013, S. 16). Dadurch sollen nachhaltige Produkte in der Bau- und Immobilienbranche transparent und insbesondere auch vergleichbar gemacht werden. Das Ergebnis geht allerdings weit über eine Vergleichbarkeit unterschiedlicher Gebäude hinaus, sondern erhöht allgemein im Immobilienmarkt den Druck zu nachhaltigem Handeln (Schopper & Setz, 2022, S. 2).

Mittlerweile bestehen zahlreiche verschiedene Zertifizierungen und Initiativen, die sich die Bewertung und Zertifizierung der Nachhaltigkeit von Gebäuden zum Ziel gesetzt haben (Artner & Pugl, 2021, S. 125). Bislang haben sich allerdings keine einheitlichen Zertifizierungsstandards durchgesetzt, obwohl immer wieder gerade institutionelle Anlegerinnen ein einheitliches System verlangen. Durch die vorherrschende Vielfalt an Zertifizierungssystemen, misst sich der Wert der Zertifizierung bereits an der Auswahl des Finanzierungsinstruments. Grundsätzlich ist ein exakter Vergleich unterschiedlicher Gebäude nur bei einer Zertifizierung unter demselben Zertifizierungssystem möglich. Der Entscheidung, welches

Zertifizierungssystem gewählt wird, sind daher unterschiedliche Aspekte zu Grunde zu legen. Darunter fallen etwa das Projektziel, die Erfahrungen mit dem jeweiligen Zertifizierungssystem, eine nationale oder internationale Ausrichtung der investierenden Person, die Gebäudenutzung oder sogar der Gerichtsstand (Schopper & Setz, 2022, S. 3).

Endlich verlangen immer mehr Immobilienfonds Zertifizierungen bereits im Ankaufsprozess. Ebenso kommt es mittlerweile zu einer verstärkten Nachfrage bei Konzernen im Rahmen der Vermietung. Gerade weil diese sich als bonitätsstarke Mieter erweisen, sind Zertifizierungen vom Immobilienmarkt nicht mehr wegzudenken (Artner & Pugl, 2021, S. 125).

Im deutschsprachigen Raum sind folgende Ratingsysteme die bekanntesten:

- LEED: Leadership in Energy and Environmental
- BREEAM: Building Research Establishment Environmental Assessment Method
- DGNB: Deutsche Gesellschaft für Nachhaltiges Bauen (in Österreich vertreten durch die ÖGNI

(Rottke & Thomas, 2017, S. 488)

Diese unterschiedlichen Bewertungssysteme verwenden die bereits zuvor erwähnten drei gleichberechtigten Dimensionen als Grundlage: die ökologische Dimension, die ökonomische Dimension und die soziale Dimension. Jedes Bewertungssystem gewichtet aber die einzelnen Aspekte dieser Dimensionen unterschiedlich. Teilweise werden auch einzelne Dimensionen um zusätzliche Aspekte, wie etwa prozessrelevante Aspekte ergänzt, sodass die Ergebnisse der Zertifizierungsmethoden differenzieren können (Artner & Pugl, 2022, S 125).

In weiterer Folge werden die drei Systeme beschrieben.

2.5.1 LEED-Ratingsystem

Das LEED-System steht im Englischen für Leadership in Energy and Environmental Design und wurde vom United States Green Building Council [USGBC] ins Leben gerufen. Es wurde entwickelt um gewerbliche, institutionelle Gebäude und Wohngebäude zu klassifizieren, unabhängig davon, ob sie neu gebaut werden oder bereits errichtet worden sind. Das LEED-Ratingsystem basiert auf anerkannten USGBC-Umwelt- und Energieprinzipien (Alves, Fernandes, Fernandes & Zellin 2017, S. 543). Ziel des LEED-Ratingsystems ist es Bauherr*innen und Gebäudebetreiber*innen einen strukturierten Rahmen für die nachhaltige Umsetzung von Bauprojekten zu geben (Ebert, Eßig & Hauser, 2012, S. 38). Eine LEED-Zertifizierung sichert daher für Investor*innen und Immobilienhalter*innen eine weltweite Vergleichbarkeit der jeweiligen Immobilie und ist ebenso für viele Unternehmen ein wichtiger Bestandteil ihrer Corporate Social Responsibility [CSR] Politik (Mösle, Lambertz, Altenschmidt & Ingenhoven, 2017, S. 101). Das LEED-Ratingsystem umfasst fünf Hauptzertifizierungstypen: LEED Building Design and Construction; LEED-Innenarchitektur und Konstruktion; LEED-Nachbarschaftsentwicklung, LEED-Gebäudebetrieb und -wartung sowie LEED für Häuser. Der Zertifizierungsgrad ist abhängig davon, wie gut ein Gebäude die bestehenden Kriterien in den verschiedenen Kategorien erfüllt. Abhängig davon können folgende Zertifizierungen erreicht werden: Zertifiziert (40–49 Punkte), Silber (50–59 Punkte), Gold (60–79 Punkte) und Platin (80+ Punkte). Die Punkte werden in sechs verschiedenen Kategorien vergeben: Nachhaltige

Standorte, Energie und Atmosphäre, Wassereffizienz, Innenraumqualität, Material und Ressourcen und Innovation. Diese Kategorien sind unterschiedlich gewichtet, so hat zum Beispiel die Kategorie energiebezogene Gutschriften einen Anteil von knapp 30 % der Gesamtzertifizierungsnote (Amiri, 2019, S. 2). Ungeachtet dessen müssen in diesen sechs "Hauptkategorien" bestimmte Punkte zwingend erfüllt werden (sog. „Prerequisits"), um eine Zertifizierung zu erhalten (Artner & Pugl, 2022, S 127).

Das LEED-Ratingsystem hatte einen sehr positiven Einfluss auf die Entwicklung und Implementierung nachhaltiger Gebäude, sowohl in den USA (woher das System stammt) als auch weltweit (Yudelson, 2008, S. 85). Kritiker*innen am LEED-Ratingsystem prangern dessen Hochpreisigkeit an und dass bei der Umsetzung zu sehr auf die Erreichung der geforderten Punkteanzahl und weniger auf die tatsächliche sinnvolle Realisierung geachtet wird. Aufgrund der zur Zertifizierung notwendigen Bürokratie ist die Erreichung eines LEED-Zertifikats für viele Personen unerreichbar (Yudelson, 2016, S. 8). Derzeit sind weltweit ca. 102.000 Gebäude in 178 Ländern LEED zertifiziert. In Österreich sind etwa das Quartier Belvedere Central – Baufeld 4 und 8, das HoHo Wien sowie die Siemens City in LEED- Gold zertifiziert (Artner & Pugl, 2022, S 127). Das Projekt Rivergate im 20. Wiener Gemeindebezirk wurde als erstes Gebäude in Österreich im Rahmen einer Aufwertung der vormals vorhandenen Vorzertifizierung LEED-Gold mit LEED-Platin zertifiziert (LEED Platin für Rivergate, 2021).

2.5.2 BREEAM

Das BREAAM-Ratingsystem gilt als Pionier der Nachhaltigkeitszertifizierungen, wurde 1990 eingeführt und hat seinen Ursprung in Großbritannien (Ebert, Eßig & Hauser, 2012, S. 26). Es ist somit das älteste Green

Building Zertifikatssystem. Es umfasst folgende Zertifikate: BREEAM New Construction, BREEAM International New Construction, BREEAM In-Use, BREEAM Refurbishment und BREEAM Communities. Die Beurteilungskriterien umfassen Management, Energie, Gesundheit und Wohlbefinden, Transport, Wasser, Materialien, Abfall, Benutzung von Land, Ökologie und Emissionen (Amiri, 2019, S. 3). (i) Management bezieht sich auf die Einflüsse und Konsequenzen des Herstellungsprozesses. (ii) Gesundheit und Wohlbefinden beschreibt die Auswirkungen, die eine Baulichkeit auf den*die Nutzer*in hat. (iii) Energie befasst sich mit den verschiedenen Faktoren der Energieeinsparung. (iv) Transport beschäftigt sich mit dem Individualverkehr und die Beeinflussung dessen durch das Gebäude an sich sowie dem gewählten Standort. (v) Wasser behandelt die Möglichkeiten zur Wasserreduzierung. (vi) Materialien beleuchtet, eine etwaige negative Auswirkung der Materialien. (vii) Abfall beschäftigt sich einerseits mit dem Abfall im Rahmen der Herstellung des Gebäudes und andererseits auch mit der Abfallproblematik der weiteren Nutzung. (viii) Benutzung von Land beurteilt die benutzte Landfläche. (ix) Ökologie umfasst die ökologischen Auswirkungen des Gebäudes. (x) Emissionen bewertet die unterschiedlich kritischen Emissionen wie Schadstoffe, Licht oder Schall (Ebert, Eßig & Hauser, 2012, S. 34).

Die Bewertung für ein Zertifikat wird durch einen speziell lizensierten BREEAM-Gutachter vorgenommen. Dieser hat die Aufgabe, die vom Immobilienentwickler eingereichten Daten auszuwerten und als Ergebnis einen umfassenden Bericht mit Auszeichnungsempfehlung zu verfassen (Waibel, 2010, S. 34 f.). Beim BREEAM-System können folgende Zertifizierungen erreicht werden: bestanden, gut, sehr gut, exzellent und überragend (Amiri, 2019, S. 3).

BREEAM sieht für bestimmte Länder ferner auch „National Scheme Operators“ vor, die eigene, länderspezifische aber am BREEAM-System angepasste Anforderungen erstellen. Für den DACH- Raum ist das TÜV Süd DIFNI – Deutsches Privatinstitut für Nachhaltige Immobilienwirtschaft als exklusiver Zertifizierungslizenzteilnehmer tätig. Für Österreich wurden die Zertifizierungssysteme BREEAM AT Bestand und BREEAM AT Neubau entwickelt. Nach BREEAM AT Neubau können alle neu (noch) zu errichtenden Wohn- und Gewerbeimmobilien zertifiziert werden. BREEAM AT Bestand betrifft ausschließlich bestehende Gewerbeimmobilien. BREEAM AT Bestand lässt nicht nur eine Zertifizierung des Gebäudes, also der baulichen Umsetzung mitsamt ihren technischen Anlagen, sondern auch davon unabhängig den Gebäudebetrieb und des Mieter*innen bzw. Nutzer*innenverhaltens einer Zertifizierung zu (Artner & Pugl, 2022, S. 126).

Im Jahr 2015 wurde das BREEAM Ratingsystem in über 75 Ländern genutzt und war auch das weltweit am häufigsten eingesetzte Ratingsystem mit über 425.000 Gebäuden, die in den letzten 20 Jahren zertifiziert wurden (Yudelson, 2016, S. 31 & S. 156). 2021 waren bereits über 590.000 Gebäude in 78 Ländern mit BREAM zertifiziert, wobei in Großbritannien die am meisten nach BREAM zertifizierten Gebäude stehen (Artner & Pugl, 2022, S. 126).

2.5.3 DGNB

DGNB steht für „Deutsche Gütesiegel für Nachhaltiges Bauen“ und wurde im Jahr 2008 entwickelt. Der Zertifizierungsprozess wird durch eine durch die DGNB ausgebildete gutachterliche Person vorgenommen. Ähnlich wie bei BREEAM und LEED wird DGNB in zwei Stufen vergeben: einer Vorzertifizierung und in der zweiten Stufe der endgültigen Ausstellung des Zertifikats (Waibel, 2010, S. 41).

Für deutsche Gebäude ist das DGNB-Ratingsystem im Vergleich zu den vorhin beschriebenen LEED und BREEAM, aber auch zu anderen ausländischen Zertifikaten die bessere Wahl, weil das Zertifikationssystem an den deutschen Markt und die europäische Baukultur angepasst wurde. DGNB unterscheidet sich bei einigen Aspekten von den bereits beschriebenen Zertifizierungen, weil es den gesamten Lebenszyklus eines Gebäudes berücksichtigt und weiters eine Gewichtung vorgenommen werden kann. Hierdurch kommt es zu einer ganzheitlichen Betrachtung, weil sowohl ökologische als auch ökonomische und soziale Aspekte berücksichtigt werden (Paßiepen, 2014, S. 60). Aufgrund dessen übersteigt das Zertifikat eigentlich den Begriff „green building" und wird daher manchmal auch als „sustainable building" bezeichnet (Hegner, 2009, S. 173).

Das DGNB-Zertifizierungssystem bezieht sich auf den gesamten Zyklus eines Gebäudes, Planung, Bau, Betrieb, Bestand/Umbau/ Sanierung, Betrieb und Lebensende (SGNI, Das DGNB System für Gebäude).

Die DGNB hat fünf Bewertungskriterien definiert, die durch die Zertifizierung sichergestellt werden sollen: Ressourcenschutz, Sicherung und Erhalt von Materialien und Werten, Erhalt der natürlichen Umwelt, Gesundheit/Wohlbefinden der Nutzer*innen, menschengerechtes Umfeld (Waibel, 2010, S. 42).

Bei einer Zertifizierung nach DGNB muss der*die Zertifizierungswerber*in verpflichtend eine*n sogenannten Auditor*in bestellen, der*die das zu zertifizierende Projekt begleitet und alle dafür notwendigen Unterlagen erstellt und einreicht (Schopper & Setz, 2022, S. 5).

Nach DGNB sind etwa zahlreiche EUROSPAR Standorte, der Med Campus Graz und das Quartier Belvedere – Baufeld 2 zertifiziert (Artner & Pugl, 2022, S. 128).

2.5.4 Vergleich der Zertifikate LEED, BREEAM und DGNB

Gebäude einem Ratingprozess zu unterziehen, liegt momentan im Trend, dem immer mehr Immobilienentwicklungen nachkommen. Dieser Trend wird allerdings nicht ohne Kritik wahrgenommen. In vielen Fällen ist es keine Hürde, ein neues Zertifikat zu erlangen. Bei den Zertifizierungsprozessen wird ein sehr komplexer Sachverhalt, jener der Nachhaltigkeit, anhand einfacher Checklisten abgeprüft. Viele dieser Kriterien erschließen sich auch ohne besonderes Fachwissen und werden ohnehin umgesetzt. Der Wille, mittels eines Zertifikats die Nachhaltigkeit beweisen zu lassen, beruht also in den meisten Fällen auf reiner Gewinnorientierung und nicht an einer nachhaltigen Wirtschaftsführung (Paßiepen, 2014, S. 61). Bei Vergleich der drei vorgestellten Systeme zeigt sich, dass LEED und BREEAM zwar die ökologischen Aspekte der Nachhaltigkeit erfassen, allerdings nur ein kleiner Bereich der sozialen Dimension miteinbezogen wird. Unterschiede gibt es bezüglich der Kriterien-Gewichtung: DGNB gewichtet Kriterien und Kategorien, BREEAM hingegen nur die Kategorien und LEED gewichtet nur indirekt. Für diesen Aspekt wurde das LEED-Ratingsystem bereits mehrmals kritisiert, weil verschiedene Maßnahmen zur Nachhaltigkeit dieselben Punkte erhalten, auch wenn sich der Aufwand zur Erstellung stark voneinander unterscheidet (Waibel, 2010, S. 46 f.).

3 Elemente für Green Build

3.1 Einführung in Green Building

Das Thema Nachhaltigkeit ist auch in der Immobilienwirtschaft angekommen und wird als Megatrend der Branche gesehen. Green Building bedeutet hierbei eine Erhöhung und Sicherstellung der Funktionalität, des Nutzens sowie der Ästhetik eines Gebäudes bei gleichzeitiger Schonung natürlicher Ressourcen. Dabei wird idealerweise der gesamte Immobilien-Lebenszyklus einbezogen, also von der Gewinnung der Baumaterialien über die Nutzungszeit hinaus bis zum Rückbau und Recycling der verwendeten Materialien. Immobilienhalter*innen werden immer mehr in Verantwortung für ihre Projekte gezogen und auch am Markt kommt es zu einem unweigerlichen Wandel von Immobilienwerten und von Investitionsverhalten (Rottke, 2017, S. 441). Unter Green Building kann mittlerweile ein Verfahren verstanden werden, das unter zeitgleicher Verminderung von schädlichen Auswirkungen auf Umwelt und Gesundheit dazu dient, die Ressourceneffizienz von Gebäuden in den Bereichen Energie, Wasser und Material zu erhöhen. Letztlich kann nachhaltiges Bauen als Weiterentwicklung zum bestehenden System angesehen werden (HFK Rechtsanwälte Heiermann Franke Knipp, 2010, S. 21).

Green Buildings sollen durch einen hohen Komfort für Anrainer*Innen, gesundes Raumklima und so gering wie möglich gehaltenen Betriebs- und Energiekosten punkten (siehe dazu bereits 2.3). Dabei basieren sie auf einem zukunftsorientierten und ganzheitlichen Gebäudekonzept, welches unter betriebswirtschaftlichen Gesichtspunkten entwickelt wird (Bauer, Mösle & Schwarz, 2013, S. 11). Die erfolgreichsten Projekte im Bereich der nachhaltigen Gebäudeentwicklung sind jene, bei denen für alle am

Projekt beteiligten Personen Sinn und Nutzen entstehen. Viele Akteur*innen im Bereich der Green Buildings sind zusätzlich auch intrinsisch motiviert und sehen einen Anreiz in der Ressourcenschonung (Rottke, 2016, S. 442).

Für eine rechtliche Bestimmung ist die EU-Taxonomie Verordnung und ihre zugehörigen delegierten Rechtsakte heranzuziehen. Je nach Form (Neubau, Renovierung oder Erwerb und Eigentum) treffen den Unternehmen demnach unterschiedliche Voraussetzungen, womit er die Tätigkeiten als nachhaltig bewerben darf. Im Rahmen der Errichtung sind die Tätigkeiten Neubau als maßgeblich anzusehen. Bei der Errichtung von Gebäuden sowie beim An- bzw. Verkauf von Gebäuden, die nach dem 31.12.2020 errichtet worden sind, ist die Einhaltung eines bestimmten Primärenergiebedarfs ein wesentliches Merkmal, um derartige Voraussetzungen erfüllen zu können (im Detail 2.4.1). Ob und in welchem Umfang die Einhaltung des verlangten Primärenergiebedarfes vereinbart werden muss, ist Teil der rechtlichen Betrachtung. Folgt man allerdings dem in der Ö-NORM B 2110 normierten Bestimmungen, übernimmt der*die Auftragnehmer*in weder ein Vollständigkeitsrisiko noch ein Funktionsrisiko (Kropik, 2009, S. 249) - eine detaillierte vertragliche Regelung wird daher aufzunehmen sein.

Komplexer gestaltet sich die Zuordnung anderer Themenbereiche, wie etwa Wasser- und Abfallverwendung sowie die Heranziehung bestimmter Baustoffe. Letztlich liegen keine nationalen technischen Vorgaben vor, wann ein Gebäude nachhaltig ist. Eine OIB- Richtlinie 7 zur nachhaltigen Nutzung ist zwar in Erarbeitung, eine verbindliche Veröffentlichung erfolgt allerdings erst frühesten 2027. Die OIB 7 wird vorrangig die Themen Wiederverwendbarkeit, Recyclebarkeit, Dauerhaftigkeit des Bauwerks sowie die Verwendung umweltverträglicher Baustoffe und Sekundärbaustoffe behandeln, wobei auch Anforderungen an die Nachweisführung gestellt werden (Stadler, 2022, S 20).

Gerade weil auf Baustellen unterschiedliche Professionist*innen zusammentreffen, ist eine Zuordnung hier schwieriger.

3.1.1 Beteiligte am Green Building Projekt

Stempkowski (Stempkowski, 2022, S. 159) sieht als wesentliche Beteiligte am Immobilienprojekt den*die Auftraggeber*in (Bauherr*in und/oder Bauträger*in), seine*ihre Vertreter*innen des Projektmanagements, die planenden, beratenden und überwachenden Instanzen (Ziviltechniker*innen, Sonderfachleute, ÖBA, begleitende Kontrolle), die ausführenden Unternehmen (Hersteller*innen und Lieferant*innen), Nutzer*innen, Investor*innen und das sonstige Kontextumfeld (Behörden, usw.). Aus diesem Grund ist eine klare Zuordnung der jeweiligen Rechte und Pflichten für einen reibungslosen Bauablauf unabdingbar. Diese Zuordnung erfolgt insbesondere unter der interessensgemäßen Zuweisung der Entwicklungs- und Investitionsrisiken (Eberhardt, 2022, S. 260). Maßgeblich für die weitere Beurteilung ist daher das Verhältnis und die Kompetenzverteilung von Auftraggeber*in, Bauträger*in und ausführenden Unternehmen.

Die Gewerbeordnung [GewO 1994] umschreibt den Tätigkeitsbereich des Bauträgers mit der organisatorischen und kommerziellen Abwicklung von Bauvorhaben (Neubauten, durchgreifende Sanierungen) auf eigene oder fremde Rechnung sowie einer einem Neubau gleichkommenden Sanierung von Gebäuden (§ 117 Abs 4 GewO 1994). Nicht nur das Gewerberecht, sondern auch andere wesentliche Gesetze, z.B. das Wohnungsgemeinnützigkeitsgesetz und das Bauträgervertragsgesetz sehen als typisches Tätigkeitsmerkmal des Bauträgers das Organisieren der faktisch und rechtlich notwendigen Maßnahmen zum Zustandekommen eines Bauwerkes vor (Kallinger, 2002, S. 259). Eberhardt (Eberhardt, 2022, S. 261) sieht als wesentlichstes Element für eine Tätigkeit als Bauträger*in, dass diese*r seine*ihre Baumaßnahmen im Hinblick auf eine bestehende bzw. künftige vertragliche Beziehung zum*zur Nutzer*in des Bauvorhabens setzt. Wer etwa nur ein Haus für sich selbst, oder nach eigenem Gutdünken ein Bauwerk im eigenen Namen und auf eigene Rechnung nach eigener Disposition errichtet und das gesamte Risiko der Errichtung, Bewirtschaftung und einer möglichen Veräußerung auf sich nimmt, ohne dass er*sie eine vertragliche Beziehung zu Dritten innenhat und diese auch nicht im Rahmen der Realisierung beabsichtigt, ist kein*e Bauträger*in sondern Investor*in (VwGH 2007/04/0198). Flener (Flener, 2021, S. 1) folgend gehört zu den technischen Aufgaben des*der Bauträgers*Bauträgerin den planerischen und technischen Bereich des Bauvorhabens durch Einsatz technischer und baulicher Fachkräfte zum richtigen Zeitpunkt umzusetzen, also delegiert der*die Bauträger*in zu großen Teilen Leistungen an die einzelnen Professionist*innen (Eberhardt, 2022, S. 264)

Dem steht der Tätigkeitsbereich des*der (ausführenden) Baumeisters*Baumeisterin, insbesondere die Ausführung von Hoch- und Tiefbauten sowie die Projektentwicklung, -leitung und -steuerung, gegenüber. In Bezug auf Bauträger*innenprojekte umfasst der Tätigkeitsbereich des*der Baumeister*in eher delegierte Aufgaben, die der*die Bauträger*in nicht selbst erfüllen kann (Flener, 2021, S. 8). Dazu kommt auch eine den*die Bauträger*in unterstützende Tätigkeit, wie die Entwicklung eines optimalen konstruktiv- technischen Konzepts für ein Bauvorhaben, die Optimierung der Nutzung unter dem Aspekt einer wirtschaftlichen Bauführung, die

Entwicklung von bauökonomischen Konzepten und die Entwicklung von Planungsvarianten zur Hilfestellung bei kommerziellen Entscheidungen. Dabei handelt es sich insbesondere um Leistungen, die bautechnisches Fachwissen voraussetzen, die der*die Bauträger*in nicht abdecken kann. Der*die Baumeister*in handelt auch vollkommen nach Auftragsvorgaben, weswegen ihm die Bauherr*inneneigenschaft vollkommen fehlt. Ungeachtet dessen hält die GewO 1994 an einer Stellung des*der Baumeister*in als Generalunternehmer*in fest (Eberhardt, 2022, S. 267). Ergänzend übt der*die Generalplaner*in in seiner*ihrer Verantwortung über die Ausführungsleistungen auch die planerische Gestaltung des Bauvorhabens aus.

Der*die Generalplaner*in hat eine größere Gestaltungsfreiheit hinsichtlich des Bauvorhabens und übernimmt neben dem wirtschaftlichen Risiko des Bauvorhabens in aller Regel auch kommerzielle Risiken. Trotz seiner*ihrer Gestaltungsrechte werden dem*der Generalplaner*in Mindeststandards vorgegeben, was ihn*sie an die Vorgaben des*der Auftraggeber*in bindet (Eberhardt, 2022, S. 268). Den größten Aufgabenbereich deckt zweifelsohne der*die Generalübernehmer*in ab, welche*r auch die Grundstückbeschaffung und Finanzierung des Bauvorhabens übernimmt. Schlussendlich ist aber auch diese*r letztlich an die Vorgaben des*der Auftraggeber*in gebunden.

3.1.2 Verantwortung der Projektbeteiligten

Stellt man den Tätigkeitsbereich des*der Bauträgers*Bauträgerin und des ausführenden Organs (also Baumeister*in, Generalplaner*in oder Generalübernehmer*in) nunmehr die immobilienbezogenen Kriterien der EU-Taxonomie Verordnung gegenüber, ist eindeutig, dass sowohl Ausführende*r und Bauträger*in – sofern sie im Sinne der EU-Taxonomie

Verordnung ein nachhaltiges (End-)Produkt herstellen möchten – sich zweifellos an der EU-Taxonomie Verordnung orientieren werden müssen.

Fraglich ist allerdings, wer bei Neubauten und Sanierungen dafür Sorge zu tragen hat, dass die Kriterien der EU-Taxonomie Verordnung eingehalten werden. Kann man die Erfüllung dieser Kriterien dem Verantwortungsbereich des*der Bauträgers*Bauträgerin oder Baumeisters*Baumeisterin zuordnen, nicht zuletzt auch die Kosten, oder verbleiben dieser gar beim*bei der Bauherr*in? Gerade aufgrund des Umstandes, dass das Bestehen bzw. das Ausmaß der Koordinierungs- und Überwachungspflichten des*der Bauherr*in sehr umstritten ist (Seebacher, 2001), erscheint diese Aufgabe eher im Verantwortungsbereich der beiden erstgenannten Beteiligten zu suchen zu sein. Kallinger (Kallinger, 2002, S. 259) ordnet die Projektentwicklung und Entwicklung des Bau- und Nutzungskonzeptes und die Definition und Abgrenzung der von den Baubeteiligten bzw. den Planer*innen und den Sonderfachleut*innen zu setzenden Schritte zur baulichen Verwirklichung des Projektes eindeutig dem*der Bauträger*in zu. Folgt man dieser Ansicht, übernimmt der*die Bauträger*in erkennbar die Rolle des Motors zur Umsetzung dieser Themen. Allerdings wird ein*e Generalübernehmer*in, der*die auch unter Umständen Finanzierungsagenden zu besorgen hat, ebenso Augenmerk auf nachhaltige Kriterien legen müssen.

Bei Neubauten und Sanierungen hat der*die Bauträger*in sich daher um die die Einhaltung der Kriterien der EU-Taxonomie Verordnung zu kümmern und die anderen Professionist*innen demenentsprechend anzuweisen. Diesem Grundsatz dürfte derart weit entsprochen werden, dass etwa beim Holzbau die maßgebliche Ö-NORM B 2215 dem*der Auftraggeber*in die Beischaffung sämtlicher Ausführungs-, Detail- und

Konstruktionspläne, insbesondere auch die Holzschutz- und Brandschutzplanung mitsamt der Eintragung aller Maßangaben und Materialbestimmungen auferlegen möchte (Punkt 4.3.1. Ö-NORM B 2215). Dem*der errichtenden Auftragnehmer*in obliegt dementsprechend nicht einmal die Auswahl des richtigen Materials (Holzes), sondern ist dieses dem*der Auftragnehmer*in vorzugeben.[6] Die Tätigkeiten des*der Auftragnehmers*Auftragnehmerin sind dementsprechend auf rein ausführende Tätigkeiten beschränkt.

3.2 Rechtliche Rahmenbedingung

Nachdem nunmehr dargestellt wurde, welche Elemente grundsätzlich vorliegen müssen, damit ein Gebäude als nachhaltiges Investment („green") betrachtet werden kann, liegt auf der Hand, dass damit zahlreiche Probleme einhergehen, die es zu betrachten gilt. Die Fragen, ob und wie diese Themen auf rechtlicher Basis aufgegriffen werden können, werden weiterführend behandelt. Dabei wird in weiterer Folge auch auf die rechtliche Durchsetzbarkeit dieser Vorgaben nicht nur gegen die mit der Errichtung beauftragte Baufirma, sondern auch im zweiten Hauptteil dieser Arbeit gegenüber späterem Mieter*innen das Hauptaugenmerk gelegt werden.

3.2.1 Einführung

Weil die EU-Taxonomie Verordnung nur allgemeine Regelungsansätze liefert, die es zu beachten gilt und keine allgemeinen Gesetze existieren (siehe bereits 2.3), sind die Vereinbarungen zu Green Build auf Basis der

---

[6] Was eigentlich auch dem Grundkonzept des Werkvertragsrechts entspricht.

allgemeinen zur Anwendung gelangenden Rechtsregeln zu beurteilen. Als Verantwortliche*r für die Umsetzung von Green Buildings erfolgt diese weitere Beurteilung daher aus Sicht des*der Bauherr*in gegenüber seinen*ihren ausführenden Unternehmen.

Die Entstehung von Schuldverhältnissen beruht in Österreich grundlegend auf der privatautonomen Gestaltung der Parteien, knüpft daher an den entsprechenden Willen der Parteien an. Dazu garantiert die Inhaltsfreiheit die Freiheit zur inhaltlichen Gestaltung. Darunter fallen insbesondere die Formfreiheit und die Typenfreiheit. Ungeachtet dessen erfährt die Typenfreiheit etwa Einschränkung bei der Regelung der das Sachenrecht betreffende Sachverhalte. Auch schränkt zwingendes Recht, etwa zwingende Normen oder die Einhaltung der guten Sitten, die Grenzen der Privatautonomie ein (Wiebe, 2022 zu § 859 ABGB). Die herrschende Vertragsfreiheit geht demnach nur so weit, als das abzuschließende Rechtsverhältnis nicht typisiert ist (Riedler, 2021, zu § 859 ABGB). Demgegenüber kann auch der*die (Landes-)Gesetzgeber*in verbindliche Vorgaben machen, die es bei der Errichtung zu beachten gilt. Durch Adaption der Wohnbauförderrichtlinien sollen etwa Gemeinnützige Wohnbauträger*innen in Niederösterreich dazu angehalten werden, bei ihren Neubauvorhaben Photovoltaikanlagen mitzuerrichten, andernfalls keine Förderung durch das Land erfolgt (Land Niederösterreich, 2022).

Während der Gegenstand eines Kaufvertrages der Kauf einer Sache ist, ist der Gegenstand eines Werkvertrages die Herstellung eines Werks. Der „Kauf" eines noch zu errichtenden Hauses (Liegenschaftskauf- und Bauwerkvertrag) hat allerdings sowohl kauf- als auch werkvertraglichen

Charakter, sofern der*die Verkäufer*in ein für den*die Käufer*in spezifisches Werk erstellt hat (Stichwort Einfamilienhaus). Nachdem dieser Liegenschaftskauf- und Bauwerkvertrag als untrennbare Einheit anzusehen ist, liegt ein gemischter Vertrag vor. Dabei ist für die Beurteilung der vertraglichen Pflichten, die sachlich am nächsten liegende Bestimmung heranzuziehen. Nach der herrschenden Kombinationstheorie ist das die Vorschrift jenes Vertragstyps, dem die einzelne Pflicht entstammt (Klein, 2013, S. 121). Abgesehen von den erwähnten Spezialproblemen, die eine klare Zuordnung erschweren, sind daher auf den Kauf eines bestehenden Gebäudes die kaufvertraglichen Regelungen (maßgeblich §§ 1053 ff. ABGB) und auf die Errichtung eines Gebäudes die werkvertraglichen Regelungen anzuwenden (maßgeblich §§ 1151 ff ABGB). Je nach Anwendungsfall können daher sowohl die kaufvertraglichen Regelungen als auch die werkvertraglichen Bestimmungen zu beachten sein.

In Österreich beruht das Bauvertragsrecht maßgeblich mit Ausnahme einiger Spezialgesetze wie etwa das BTVG auf den Bestimmungen des ABGB und den dort enthaltenen Bestimmungen zum Werkvertragsrecht (§§ 1165 bis 1171 ABGB). Auch Liegenschaftskaufverträge richten sich maßgeblich nach den Bestimmungen des ABGB zum Kaufvertrag (§§ 1053 ff ABGB). Beide Vertragstypen haben allerdings dieselben Bestimmungen für Gewährleistung anzuwenden (§ 1167 ABGB).

Dies vorausgeschickt, stellt sich eingangs die Frage, wann und unter welchen Voraussetzungen nachhaltige Bestimmungen einem rechtsgeschäftlichen Vertrag zugrunde gelegt werden können?

3.2.2 Liegenschaftskaufvertrag (§§ 1053 ff. ABGB)

Beim Kaufvertrag wird eine (zumindest) bestimmbare Sache gegen eine bestimmte Menge an Geld in das Eigentum des*der Käufers*Käuferin übertragen. Der Kaufvertrag hat daher als essentialia negotii das Versprechen der Eigentumsübertragung einer Sache gegen Geld (anders als im Werkvertragsrecht) (Spitzer & Told, 2021, zu § 1053 ABGB). Gegenstand eines Kaufvertrags ist daher eine Sache und nicht dessen Errichtung (Aicher, 2017, zu § 1053 ABGB). Ist der Vertragsgegenstand eine belastete Liegenschaft, sieht die Judikatur als zusätzliches Erfordernis zu der Mindestanforderung die Vereinbarung über die Lastentragung an, was allerdings von der Lehre kritisiert wird (Artner, 2020, S. 53). Unter Umständen müssen die Parteien sich auch über weitere Nebenpunkte einigen, sofern sie darüber im Rahmen der Vertragsverhandlungen gesprochen haben und sie sich eine Einigung darüber vorbehalten haben (Pletzer, 2019, zu § 869 ABGB).

Der Abschluss eines Kaufvertrags unterliegt in der Regel keinen speziellen Formvorschriften und es ist auch für die Wirksamkeit eines Liegenschaftskaufvertrages nicht notwendig, ein schriftliches Dokument zu erstellen. Für die Einverleibung des Liegenschaftskaufvertrages im Grundbuch sind aber dennoch die Formvorschriften des Grundbuchsrechts zu beachten (Artner, 2020, S. 54). Neben dem Kaufvertrag hat der*die Verkäufer*in dem*der Käufer*in nach den Bestimmungen des Energieausweisvorlagegesetzes [EAVG] beim Verkauf eines gesamten Gebäudes oder Nutzungsobjektes (Wohnung oder Geschäftsräumlichkeit) einen höchstens zehn Jahre alten Energieausweis vorzulegen (§ 4 EAVG - zu den einzelnen damit in Verbindung stehenden Rechtsfolgen und Rechten siehe weiter unter Punkt 3.2.5 unten).

Beim Verkauf eines Gebäudes wird in aller Regel der Vertragsgegenstand individuell beschrieben (man kauft schlussendlich ein bestimmtes Gebäude), weswegen generell bei der Errichtung bzw. dem Verkauf eines Gebäudes keine Gattungsschuld, sondern eine Speziesschuld vorliegen wird (Perner, Spitzer, & Kodek, 2019, S 161).

3.2.3 Werkvertragsrecht (§§ 1165 ff. ABGB)

Der im ABGB festgelegte Werkbegriff ist weitreichend. Generell wird unter einem Werk eine schöpferische oder gestaltende Verrichtung des*der Werkunternehmers*Werkunternehmerin verstanden (Wenusch, 2014, S. 59). Ein Werkvertrag ist eine Vereinbarung, in welcher sich der*die Werkunternehmer*in verpflichtet, ein den Vorstellungen und Umständen des*der Werkbestellers*Werkberstellerin entsprechendes Werk unter persönlicher Verantwortung und gegen Entgelt herzustellen (Böhler & Krejci, 2022, Rz 4). Nach einhelliger Meinung wird beim Werkvertrag der Erfolg geschuldet (Wenusch, 2014, S. 59).

(Bau-)Werkverträge sind grundsätzlich vom Anwendungsbereich des Gewährleistungsrechts (§§ 924 – 933b) ABGB umfasst (§ 1167 ABGB). Daneben gelten die für die Gewährleistung im Werkvertrag wichtigen Bestimmungen der §§ 1168 Sphärenzuordnung und 1168a ABGB Warnpflicht (Schwangler, 2016, S. 301). Nach allgemeinen Regeln müsste die Partei, die sich in einem Verfahren auf einen für sie vorteilhaften Standpunkt beruft, auch das Vorliegen dieses Standpunktes beweisen, was bedeuten würde, dass der*die Auftraggeber*in darzulegen hätte, dass das Werk bereits vor der Übergabe mangelhaft war. Aufgrund der Beweislastumkehr, obliegt es aber dem*der Auftragnehmer*in innerhalb der ersten sechs Monate zu beweisen, dass der Mangel nicht vor Übergabe vorhanden war. Deshalb verbleibt die Beweispflicht, dass überhaupt ein Mangel vorliegt, beim*bei der Auftraggeber*in (Schwangler, 2016, S. 166). Dass allerdings der*die Auftragnehmer*in eine mangelhafte Leistung erbracht hat, muss der*die Auftraggeber*in grundsätzlich nicht beweisen (Reischauer, 2010, S. 217).

3.2.4 Nicht- oder Schlechterfüllung (§§ 918 ff. ABGB / §§ 921 ff. ABGB)

Die Abgrenzung zwischen Schlecht- und Nichterfüllung erscheint genauso banal wie komplex.

Bei Nichterfüllung bzw. Verzug liefert der*die Schuldner*in die vereinbarte Sache entweder nicht zur gehörigen Zeit, am gehörigen Ort oder nicht auf die bedungene Weise (§ 918 Abs 1 ABGB). Der Vertrag wurde bislang nicht erfüllt, wobei der Vertrag aufgrund objektiver oder subjektiver Umstände nicht erfüllt werden konnte. Gewährleistung stellt hingegen eine verschuldensunabhängige Haftung des*der Schuldner*in für Mängel dar, die bereits vor Übergabe der Sache vorhanden waren. Zweck der Gewährleistung ist die Wiederherstellung zwischen Äquivalenz von Leistung und Gegenleistung (Perner, Spitzer & Kodek, 2019, S. 181). Maßgeblicher Unterschied ist, dass bei Nichterfüllung keine bzw. keine geeignete Sache und bei Gewährleistung eine mangelhafte Sache übergeben wurde. Dementsprechend richtet sich auch das Risiko eines Untergangs der Sache danach: Im Schuldnerverzug liegt das Risiko des Untergangs der Sache beim*bei der Schuldern*in, kommt Gewährleistung zur Anwendung geht das Risiko des Untergangs generell zu Lasten des*der Gläubiger*in (Perner, Spitzer & Kodek, 2019, S. 172). Die Rechtsbehelfe sind ebenso unterschiedlich. Ist der Verzug dem*der Schuldner*in zuzurechnen, kann der*die Gläubiger*in entweder am Vertrag festhalten und weiterhin die Erfüllung verlangen oder vom Vertrag unter Nachfristsetzung zurücktreten.

Ist der Verzug ferner durch den*der Schuldner*in zu vertreten, stehen dem*der Gläubiger*in Schadenersatzansprüche gegenüber dem*der Schuldner*in zu (Reidinger & Mock, 2021, zu § 918 ABGB). Bei der im Rahmen der Schlechterfüllung zur Anwendung kommenden Gewährleistung stehen zunächst die Rechtsbehelfe des Austausches oder der Verbesserung und bei Unmöglichkeit oder unverhältnismäßig hohem Aufwand die Preisminderung oder Wandlung des Vertrages zur Verfügung. Das Wahlrecht, welche Behelfe in Anspruch genommen werden, hat mit einigen Einschränkungen der*die Übernehmer*in (Perner, Spitzer & Kodek, 2019, S. 185 f.).

Während im Rahmen des Schuldner*innenverzuges die Beweislast für die vertragsmäßige Beschaffenheit beim*bei der Schuldner*in liegt (RS0018460), sieht das Gewährleistungsrecht generell nur innerhalb der ersten 6 Monate nach Übergabe eine Beweislastumkehr zu Lasten des*der Schuldners*Schuldnerin vor (Vermutung der Mangelhaftigkeit); danach ist der*die Gläubiger*in beweispflichtig (§ 924 ABGB).

Einer der wesentlichsten Unterschiede zwischen Nichterfüllung und Schlechterfüllung liegt ferner bei den anzuwendenden Fristen. Alle Gewährleistungsbehelfe unterliegen der kurzen Frist des § 933 ABGB. Bei Anderslieferung hingegen kann der Erfüllungsanspruch grundsätzlich dreißig Jahre lang geltend gemacht werden (Zöchling-Jud, 2016, zu § 923).

3.2.4.1 Zum Mangelbegriff in der Gewährleistung

Wer jemand anderem eine Sache gegen Entgelt überlässt, leistet dafür Gewähr, dass sie dem Vertrag entspricht (§ 922 ABGB). Das Gesetz normiert damit die Pflicht des*der Schuldners*Schuldnerin zur vertragsgemäßen Leistung (Mängelbehebung bei Herstellung des Werks durch mehrere Werkunternehmer, 2015, S. 376). Eine Leistung ist als mangelhaft anzusehen, wenn sie qualitativ oder quantitativ hinter dem Geschuldeten, also dem Vertragsinhalt, zurückbleibt, wobei der geschuldete Vertragsgegenstand durch die gewöhnlich vorausgesetzten oder die ausdrücklich oder stillschweigend zugesicherten Eigenschaften bestimmt wird (Gewährleistungsverzicht und bedungene Eigenschaft beim Liegenschaftskauf, 2017, S. 301).

Das Gewährleistungsrecht unterscheidet ferner zwischen Sach- und Rechtsmängel. Sachmängel haften der Liegenschaft physisch an, Rechtsmängel hingegen verhindern, dass der*die Käufer*in die geschuldete Rechtsposition erhält (Artner, 2020, S. 63). Ein Rechtsmangel liegt insbesondere vor, wenn die Sache mit ungewöhnlichen Belastungen behaftet ist oder wenn eine nicht existente Sache oder ein nicht bestehendes Recht verkauft wird. Neben den offensichtlichen Rechtsmängeln, wie eine gescheiterte Übertragung des Eigentumsrechts, können Rechtsmängel etwa der Wegfall der Baugenehmigung oder auch das Nichtvorliegen einer Betriebsanlagengenehmigung sein (Zöchling-Jud, 2016, zu §923). Obwohl grundsätzlich zu den Eigenschaften eines (Eigentums-) Rechts auch die Beschaffenheit der Sache, auf welche sich das Recht bezieht, mitumfasst ist, stellt diese mangelhafte Beschaffenheit keinen Rechts- sondern einen Sachmangel dar (OGH 6 Ob 564/90, 1991, S. 24). Auch immaterielle Einschränkungen der Beschaffenheit, wie etwa ein gefälschtes Bild, eine fehlende Ertragskraft oder ein eingetretener Kursverlust bei Aktien werden als Sachmängel gewertet. Im Gegensatz wurde von der Rechtsprechung – unter Kritik der Lehre - eine deutliche Unterschreitung der vereinbarten Wasserdurchflussmenge beim Erwerb eines Wasserbenutzungsrechts als Rechtsmangel gewertet (Zöchling-Jud, 2016, zu § 923).

Der*die Verkäufer*in haftet sowohl für Sach- als auch Rechtsmängel. Obwohl für beide Mängel eine dreijährige Gewährleistungsfrist vorgesehen ist, beginnt die Gewährleistungsfrist für Sachmängel mit Übergabe der Sachen, die Gewährleistungsfrist für Rechtsmängel jedoch erst ab Erkennbarkeit des Mangels (Artner, 2020, S. 64).

3.2.5 Bedungene und gewöhnlich vorausgesetzte Eigenschaften (§§ 922 ff. ABGB)

Der*die Übergeber*in haftet sowohl für bedungene als auch gewöhnlich vorausgesetzte Eigenschaften der übergebenen Sache. Bedungenen Eigenschaften müssen besonders zugesichert werden, wobei diese Zusicherung sowohl ausdrücklich als auch stillschweigend erfolgen kann (§ 922 ABGB).

3.2.5.1 Zugesicherte Eigenschaften

Bei ausdrücklich vom*von der Veräußerer*in zugesicherten Eigenschaften haftet der*die Veräußerer*in auch dann, wenn dieses Eigenschaften normalerweise als unerheblich anzusehen sind, wenn er*sie deren Fehlen erkennen konnte. Stillschweigend zugesicherte Eigenschaften sind allerdings nur dann als vereinbart anzusehen, wenn sich aus dem Verhalten des*der Veräußerer*in eindeutig ergibt, dass er*sie für eine bestimmte Eigenschaft oder Eignung einstehen will (Zöchling-Jud, 2016, zu § 923). Ist jedoch dem*die Verkäufer*in aus Sicht des*der Erwerbers*Erwerberin die gewünschte Eigenschaft bekannt bzw. musste diese bekannt sein, ist die Eignung bei Nichtaufklärung über die Untauglichkeit der Ware als stillschweigend zugesagt anzusehen (OGH 1 Ob 564/95). Die stillschweigende Zusicherung, dass die Sache für den vereinbarten Zweck tauglich ist, kann ebenso schlüssig aus der Natur des Geschäfts abgeleitet werden

(Reischauer, 2018, zu § 923). Ob letztlich eine Eigenschaft als zugesichert anzusehen ist, hängt allerdings nicht davon ab, was der*die Erklärende wollte, sondern was der*die Erklärungsempfänger*in nach Treu und Glauben aus der Erklärung der anderen Vertragspartei verstehen durfte, wobei seine*ihre berechtigte Erwartung an der Verkehrsauffassung zu werten ist. Dabei bleibt es auch den Parteien unbelassen, eine Sache als vertragsgemäß anzusehen, die objektiv gesehen mangelhaft ist (Höllwerth, 2021, S. 87). Der Anwendungsbereich der stillschweigenden Vereinbarung bei Nichtaufklärung ist allerdings sehr einschränkend auszulegen (Gewährleistung beim Zinshauskauf - mangelnde Mieterträge, 2009). Nach Rechtsprechung des OGH erstreckt sich ferner ein allgemein abgegebener Gewährleistungsverzicht nicht auf Eigenschaften, die vom*von der Übergeber*in ausdrücklich oder schlüssig zugesichert worden sind (OGH 3 Ob 238/15v).

3.2.5.2 Gewöhnlich vorausgesetzte Eigenschaften

Im Gegenzug bedürfen gewöhnlich vorausgesetzte Eigenschaften keiner besonderen Abrede, sondern sind diese mangels Vereinbarung als stillschweigend vereinbart anzusehen (Zöchling-Jud, 2016, zu § 923). Die gewöhnlichen Eigenschaften einer Sache sind allerdings nur dann maßgebend, wenn eine Vereinbarung über die geschuldeten Eigenschaften des Leistungsgegenstandes fehlt. Die weitere Beurteilung, ob eine Eigenschaft als gewöhnlich vorausgesetzt werden kann, hängt wiederum nicht davon ab, was der*die Erklärende mitteilen wollte, sondern was der*die Erklärungsempfänger*in nach Treu und Glauben aus der Erklärung der anderen Vertragspartei erschließen durfte. Die berechtigte Erwartung des*der Erklärungsempfänger*in ist an der Verkehrsauffassung zu messen (Benes, Buchleitner, Ertl, Fritzer, Mrvošević, Schoditsch & Wilhelm,

2016, S. 295). Dabei muss der Kaufgegenstand der Natur des Geschäfts oder der geschlossenen Verabredung entsprechend benützt und verwendet werden können (Weixelbraun - Mohr, 2020, S. 679).

Gewöhnliche Eigenschaften werden daher von der Verkehrsauffassung vorausgesetzt und können – mangels gegenteiliger Umstände – von der übernehmenden Partei als stillschweigend zugesagt gewertet werden (z.B. bei Lebensmitteln, dass die Aufbrauchsfrist noch nicht abgelaufen ist) (Reischauer, 2018, zu § 923). Obwohl von der übernehmenden Partei der Beweis zu erbringen ist, dass besonders bedungene Eigenschaften vereinbart wurden, obliegt die Beweispflicht, dass gewöhnlich vorausgesetzte Eigenschaften nicht Vertragsinhalt geworden sind, der übergebenden Partei (Reischauer, 2018, zu § 923). Generell ist die Entscheidung ob, ein*e Übernehmer*in mit einer bestimmten Eigenschaft einer Sache rechnen durfte oder nicht, einzelfallbezogen und daher nur schwierig vorauszusagen. Alle für den Kauf einer Sache relevanten Eigenschaften sollten daher schriftlich im Vertrag vereinbart werden (Artner, 2020, S. 63).

3.2.5.3 Bedungene Eigenschaften nach dem Energieausweis-Vorlage-Gesetz

Seit 2012 ist nach dem Energieausweis-Vorlage-Gesetz [EAVG 2012] unstrittig geregelt, dass die verkaufende Partei oder der*die Inbestandgeber*in einer Räumlichkeit (Wohnung, Geschäftsräumlichkeit oder sonstige selbständige Räumlichkeit) verpflichtet ist, seinem*ihrem Gegenüber binnen 14 Tagen nach Vertragsabschluss einen Energieausweis auszuhändigen (Gaismayer & Rust, 2013, S. 148). § 2 Z 4 EAVG erweitert den Anwendungsbereich des EAVG auch auf Gebäude, die noch nicht bestehen. Mondel (Mondel, 2018, zu § 2 EAVG) sieht damit die Vorlage eines Energieausweises bereits bei Vertragsabschluss eines Vertrages über die

Veräußerung oder In-Bestand-Gabe des erst zu errichtenden Gebäudes als notwendig an und nicht erst bei dessen Errichtung. Typischerweise sieht Mondel (Mondel, 2018, zu § 2 EAVG) die Anwendbarkeit dieser Bestimmung auch beim Bauträger*innenvertrag. Das bedeutet, dass der*die Erwerber*in eines Bauträger*innenobjektes bereits zum Zeitpunkt der Vertragsunterfertigung einen Energieausweis erhalten soll, sodass die dort enthaltenen Kennzahlen konsequenterweise eine Entscheidungsgrundlage für den Kauf sein sollen. Neben der Vorlage des Energieausweises müssen bereits in Verkaufs- und Vermietungsanzeigen der Heizwärmebedarf und der Gesamtenergieeffizienz-Faktor des Gebäudes oder des Nutzungsobjektes angegeben werden (Frankl-Templ & Hüttler, 2022).

Das EAVG 2012 (§ 2 EAVG 2012) umfasst nur Gebäude, "deren Innenraumklima unter Einsatz von Energie konditioniert werden". Ausreichend ist allerdings, dass in diesen Gebäuden zumindest teilweise Räume beheizt werden. Ein unbeheiztes Stiegenhaus etwa steht demnach nicht einer Anwendbarkeit des EAVG 2012 auf das gesamte Gebäude entgegen. Umgekehrt kommt das EAVG 2012 aber nicht zur Anwendung, wenn es bei wesentlichen Teilen des Gebäudes an einer Konditionierung des Innenraumklimas mittels Energieeinsatzes fehlt. Zur Ausgestaltung des Energieausweises gibt das EAVG 2012 selbst keine Auskunft, sondern verweist auf die Umsetzungsvorschriften der Länder zur Gebäuderichtlinie (Stabentheiner, 2012, S.130 f.). Neu ausgestellte Energieausweise erfüllen dann diese Anforderungen, wenn der Energieausweis den Voraussetzungen der vom Österreichischen Institut für Bautechnik verfassten

Richtlinie 6 (OIB-RL) entspricht (Frankl-Templ & Hüttler, 2022).[7] Obwohl die OIB-Richtlinie 6 Vorgaben enthält, ergibt sich die Ausgestaltung dennoch aus den jeweiligen Landesgesetzen. Generell sieht die OIB-Richtlinie 6 aber folgende vier Energieindikatoren als Inhaltselemente der Energieeffizienzskala vor: (i) den Heizwärmebedarf (HWB, angegeben in Kilowattstunden pro Quadratmeter und Jahr), (ii) den Primärenergiebedarf (PEB, angegeben in Kilowattstunden pro Quadratmeter und Jahr), (iii) die Kohlendioxidemissionen (CO2, angegeben in Kilogramm pro Quadratmeter und Jahr) und (iv) den Gesamtenergieeffizienz-Faktor (fGEE, Ausgangswert 1,00, Bandbreite für die Effizienzklassengrenzen von <0,55 bis >4,00) (Stabentheiner, 2012, S. 131).

Für die gegenständliche Beurteilung sind allerdings die mit der Vorlage des Energieausweises verbundenen Rechtsfolgen maßgeblich. Einerseits kann der Anspruch auf Erhalt eines gültigen Energieausweises mittels Leistungsklage oder Ersatzvornahme durchgesetzt werden und der*die säumige Verpflichtete hat die angemessenen Kosten einer Ersatzvornahme zu ersetzen. Andererseits – und für die Zwecke dieser Arbeit wesentlicher – wirkt sich das EAVG 2012 auf die gewährleistungsrechtlichen Gegebenheiten aus. Gemäß § 6 EAVG 2012 gelten die im Energieausweis abgegebenen Energiekennzahlen als bedungene Eigenschaften im Sinne des § 922 Abs 1 ABGB (Gaismyer & Rust, 2013, S. 147). Ein*e Verkäufer*in oder Inbestandgeber*in hat daher für die im Energieausweis enthaltenen Inhaltselemente einzustehen und leistet dafür Gewähr, dass

[7] Nachdem das EAVG 2012 vorschreibt, dass der Energieausweis nicht älter als 10 Jahre sein darf, erübrigt sich ein Eingehen auf vorhergehende Bestimmungen (Frankl-Templ & Hüttler, 2022)

die Räumlichkeit auch tatsächlich diesen Werten entspricht. Obwohl diese Bestimmungen im zivilrechtlichen Bereich insoweit eine Einschränkung finden, als bei Nichtvorlage eines Energieausweise „nur" eine dem Alter und der Art des Gebäudes entsprechende Gesamtenergieeffizienz als vereinbart gilt (Stabentheiner, 2012, S. 133), können die Rechtsfolgen einer unterlassenen Vorlage grundsätzlich nicht abbedungen werden. Nach herrschender Meinung (in Vertretung der Ansicht des Gesetzgebers) können aber die nach dem ABGB zu beurteilenden gewährleistungsrechtlichen Ansprüche in Geschäften zwischen Unternehmer*innen abgeschwächt bzw. abbedungen werden. In den Grenzen der Sittenwidrigkeit des § 879 Abs 1 und 3 ABGB ist daher etwa nach Marzi (Marzi, 2012, S. 206) und Stabentheiner (Stabentheiner, 2012, S. 135) eine zwischen Unternehmer*innen geschlossene Vereinbarung, wonach dem*der Käufer*in keine Gewährleistungsansprüche zustehen, zulässig und rechtswirksam, wenn das Gebäude eine schlechtere Energieeffizienz besitzt als im Energieausweis angegeben. Weil es dabei aber um eine zugesicherte Eigenschaft handelt, muss im Hinblick auf die Judikatur zum Gewährleistungsverzicht dieser Verzicht ausdrücklich im Vertrag benannt und ausgeschlossen werden (siehe bereits 3.2.5.1).

Bei der Erstellung des Energieausweises ist häufig unvermeidlich, dass Unschärfen auftreten, die durchaus erheblich sein können. Diese Unschärfen sind das Ergebnis des Heranziehens bestimmter Standardwerte, die nur unter Anwendung teurer – nicht vorgesehener – Untersuchungen vermieden werden könnten. Im Ergebnis sind die im Energieausweis ermittelten Daten nicht punktgenau richtig, sondern können nur innerhalb einer gewissen Bandbreite richtig sein (Marzi, 2012, S. 207). Stabentheiner (Stabentheiner, 2012, S. 135) vertritt die Ansicht, dass es nicht sachgerecht wäre, den*die vorlagepflichtigen Verkäufer*in oder

Bestandgeber*in gewährleistungsrechtlich exakt für die im Energieausweis genannten Werte einstehen zu lassen. § 6 EAVG trägt diesen Unschärfen insoweit Rechnung, als die im Energieausweis enthaltenen Werte "unter Berücksichtigung der bei ihrer Ermittlung unvermeidlichen Bandbreiten" als bedungene Eigenschaft gelten. Diese Bandbreiten wirken demnach haftungseinschränkend (Gaismayer & Rust, 2013, S. 147). Nachdem diese Bandbreiten im Einzelfall variieren können, ist für eine Klärung immer ein Sachverständiger beizuziehen. Nach Stabentheiner (Stabentheiner, 2012, S. 135) lässt sich eben nicht allgemein sagen, dass etwa bei einem bestimmten Wert für den Heizwärmebedarf diese "Richtigkeitsbandbreite" etwa 10 % nach oben oder nach unten betrüge; vielmehr kann diese Richtigkeitsdimension zuweilen durchaus ein noch erheblich größeres Ausmaß erreichen. Stabentheiner (Stabentheiner, 2012, S. 135) zieht daraus den Schluss, dass ein Mangel, iSd § 6 EAVG 2012 bzw. § 922 Abs 1 ABGB nur dann vorliegen kann, wenn ein Energiekennwert für das konkrete Gebäude tatsächlich außerhalb dieser Richtigkeitsbandbreite in Bezug auf den im Energieausweis genannten Wert liegt.

Im Ergebnis stellte das EAVG ungeachtet seiner Einschränkungen und Unklarheiten allerdings mit Sicherheit eine der ersten Regelungen dar, die zumindest in groben Zügen nachhaltige Kennwerte gesetzlich verankert.

3.2.6 Rechtliche Fragen zu Zertifikaten

Zertifizierungen erfolgen auf rein freiwilliger Basis und es gibt keine gesetzlichen Verpflichtungen für die Vornahme einer Zertifizierung (Artner & Pugl, 2021, S. 125). Der*die Zertifizierungsgeber*in ist daher keineswegs mit hoheitlicher Gewalt ausgestattet und Zertifizierungen sind Rechte des Privatrechts (bereits Schlemminger, 2014, S. 3186). Um letztlich ein Nachhaltigkeitszertifikat zu erhalten, ist daher oft notwendig, einen

Beratungsvertrag mit einem von der Zertifizierungsstelle benannte*n Auditor*in abzuschließen, der den*die Bauherr*in im Rahmen der Gebäudeerrichtung und des Zertifizierungsprozesses unterstützt (Schopper & Setz, 2022, S. 3).

Die Grundlage für eine Zertifizierung bildet daher der Abschluss eines zivilrechtlichen Zertifizierungsvertrages. In diesem werden die Voraussetzungen festgelegt bzw. welche Bedingungen erfüllt sein müssen, damit ein Nachhaltigkeitszertifikat ausgestellt wird. Dabei sind die Hauptleistungspflichten in der Regel bei allen gängigen Systemen gleich. Auf der einen Seite verpflichtet sich die Zertifizierungsstelle das zur Zertifizierung vorgelegte Bauprojekt zu prüfen sowie einer Bewertung zu unterziehen und – sofern die im Zertifizierungsvertrag festgelegten Voraussetzungen vorliegen – mit einem Nachhaltigkeitszertifikat im erreichten Rang auszuzeichnen. Auf der anderen Seite ist der*die Antragsteller*in verpflichtet, ein Zertifizierungsentgelt zu leisten. Neben den Hauptpflichten bestehen zahlreiche Nebenverpflichtungen, etwa von der Aufnahme des Gebäudes in die Referenzliste des*der Zertifizierers*Zertifizierern über Regelungen zum Ablauf der Zertifizierung bis hin zu Haftungsregelungen. Auf Basis des Vorerwähnten ordnen Schopper & Setz (Schopper & Setz, 2022, S. 3) Zertifizierungsverträge als Werkverträge im Sinne der §§ 1165 ABGB ein.

Die Vergabe eines Zertifikats ist generell an genaue Kriterien im Rahmen eines Punktesystems geknüpft. Die von der Zertifikatsstelle vorgenommene Beurteilung ist daher in der Regel objektiv nachvollziehbar (Dressel, 2021, S. 226). Grundsätzlich wird daher die Vergabe eines Zertifikats an exakt prüfbare, objektive Kriterien geknüpft. Daraus ergibt sich, dass der*die Antragststeller*in eines Zertifikats die Möglichkeit hat, dass, sofern die Voraussetzungen vorliegen, er*sie die Ausstellung des beantragten Zertifikats gegenüber der Zertifizierungsstelle auch gerichtlich durchsetzen kann. Anders verhält es sich jedoch, wenn der Zertifizierungsstelle bei bestimmten Themen ein Ermessenspielraum in ihrer Bewertung zusteht. In solchen Fällen besteht keine Verpflichtung der Zertifizierungsstelle den Ermessensspielraum zugunsten des*der Antragstellers*Antragstellerin auszuüben. Dies gilt auch dann, wenn die Ausübung dieses freien Ermessensspielraum nicht vertraglich zwischen Antragsteller*in und Zertifizierungsstelle vereinbart war. Shopper & Setz (Schopper & Setz, 2022, S. 4) sehen diese Freiheit der Zertifizierungsstelle in ihrem Entscheidungsspielraum (hergeleitet aus allgemeinen Rechtsgrundsätzen) lediglich dann eingeschränkt, wenn die Zertifizierungsstelle ihren Ermessenspielraum auf unbillige Weise ausüben würde. Außerhalb des Ermessenspielraums ist allerdings die Leistung des*der Zertifizierers*Zertifiziererin objektiv überprüfbar, was den*die Zertifizierer*in bei unrechtmäßiger Verweigerung und/oder Ausgabe eines Zertifikats niedrigerer Qualitätsstufe haftbar macht (Schopper & Setz, 2022, S. 4). Der*die Antragsteller*in kann daher in der Regel bei unrichtiger Zertifizierung die Ausgabe des korrekten Zertifikats verlangen. Zu beachten ist in diesem Zusammenhang allerdings, dass die Zertifizierungsstelle Freizeichnungsklauseln in ihre Verträge aufnimmt, die eine Haftung der Zertifizierungsstelle bei leichter Fahrlässigkeit ausschließen. Obwohl derartige Haftungsausschlüsse rechtlich unproblematisch sind, hat die Zertifizierungsstelle zu beweisen, dass sie kein grobes Verschulden trifft (Schopper & Setz, 2022, S. 5).

Maßgeblich ist allerdings, dass der*die Zertifizierer*in in aller Regel keine Prüfungen am Bauprojekt vor Ort vornimmt. Tatsächlich ist das Zertifizierungsverfahren daher in den meisten Fällen ein reines Aktenverfahren, was bedeutet, dass eine Zertifizierung lediglich ein System aus Urkunden-

und Informationsprüfungen darstellt, dass auf der Selbstbindung des*der Antragstellers*Antragstellerin, die „richtigen" Unterlagen zu liefern, beruht (Schlemminger, 2014, S. 3186). Das Zertifikat bestätigt daher lediglich, dass die vom*von der Antragsteller*in eingereichten Unterlagen und bekanntgegebenen Informationen unter Heranziehung des Ratingssystems der Zertifizierungsstelle mit den Anforderungen für die von der Zertifizierungsstelle zertifizierte Qualitätsstufe übereinstimmen (Schopper & Setz, 2022, S. 3). Sollte daher das zertifizierte Gebäude tatsächlich nicht den Anforderungen einer Zertifizierung entsprechen, kann es dennoch vorkommen, dass das Gebäude ein Zertifikat erhält, weil die Unterlagen die tatsächlichen Gegebenheiten falsch bzw. anders darstellen. Dieser Umstand ist insoweit relevant, weil die Finanzierungsstelle weder gegenüber dem*der Antragsteller*in noch gegenüber Dritten für etwaige Schäden haftet, die dadurch entstehen, wenn das Gebäude eine geringere Qualität als in den eingereichten Unterlagen aufweist. Sollte der*die Zertifizierer*in jedoch feststellen, dass das Zitat zu Unrecht erteilt wurde, kann der*die Zertifizierer*in das Zertifikat widerrufen. Schopper & Setz (Schopper & Setz, 2022, S. 4) sehen dabei sogar eine Pflicht der Zertifizierungsstelle derartige Fälle aufzugreifen und die Zertifikate zu widerrufen.

Zur Erlangung einer Zertifizierung ist es ferner aufgrund der damit verbundenen Voraussetzungen geboten, eine*n professionelle*n Auditor*in beizuziehen, der*die das Projekt als Berater*in des*der Bauherr*in begleitet und etwa bezogen auf Zertifizierungen alle notwendigen Dokumente erstellt und einreicht (Schopper & Setz, 2022, S. 4). Circo (Circo, 2011, S. 488) erachtet es als wesentlich für den Erfolg der Zertifizierung eines Green Building Projekts, den*die Auditor*in im frühestmöglichen Projektstadium beizuziehen und zumindest mit dessen Unterstützung oder gar bereits unter Beiziehung aller Beteiligten Gebäudestandards zu definieren. Ein derartiges Vorgehen soll die Planungssicherheit massiv erhöhen. Bestimmte Zertifizierungssysteme verlangen etwa sogar verpflichtend die Beiziehung eines*einer derartigen Auditors*Auditorin (siehe dazu bereits 2.3). Ein*e Auditor*in schuldet aber generell nicht die Zertifizierung oder Herstellung eines nachhaltigen Gebäudes, sondern vergleichen Schopper und Setz (Schopper & Setz 2022, S. 6) seine*ihre Tätigkeit mit jener eines*einer Planers*Planerin, der*die Einreichplanung erstellt. Ob letztlich eine Zertifizierung erteilt wird, liegt – wie bei der Einreichplanung – allerdings nicht in der Hand des*der Auditors*Auditorin, sondern in Dritter Hand. Dabei enthält der Auditor*innenvertrag die Charakteristika unterschiedlicher Vertragstypen. Obwohl seine vertragliche Einordnung von seiner tatsächlichen Ausgestaltung abhängt, enthält der Vertrag die Pflicht zur Zusammenstellung der notwenigen Unterlagen, was als werkvertragliche Erfolgszusage zu werten ist. Darüber hinaus lässt die Übernahme der Kommunikation bzw. Koordinierung einen Bevollmächtigungsvertrag entstehen. Abschließend können die vom*von der Auditor*in wahrzunehmenden Berater*innenpflichten als freier Dienstvertrag klassifiziert werden. Bei einem solchen gemischten Vertrag kommen nach der vorherrschenden Kombinationstheorie letztlich jene gesetzlichen Regelungen zur Anwendung, dem die vertragliche Verpflichtung entstammt (Schopper & Setz 2022, S. 6).

Allerdings besteht nur zwischen Bauherr*in und Zertifizierungstelle bzw. Bauherr*in und Auditor*in ein Vertrag, sodass benachteiligte Dritte (weil etwa das Zertifikat unrechtmäßig erteilt wurde) deliktisch eine Haftung der Zertifizierungsstelle oder des*der Auditor*in herbeiführen können. Sie müssten daher den Nachweis erbringen, dass die Zertifizierungsstelle oder der*die Auditor*in schuldhaft gehandelt hat. Abhilfe schaffen könnte, wenn der Vertrag zwischen Bauherr*in und Zertifizierungstelle bzw.

Bauherr*in und Auditor*in als Vertrag mit Schutzwirkung zugunsten Dritter angesehen werden würde, aus dem der*die Geschädigte eine vertragliche Haftung der jeweils Letztgenannten ableiten könnte. Dadurch würden der*die nicht am Vertrag beteiligten Dritten unmittelbare vertragliche Ansprüche gegen den*die Schuldner*in erwerben. Ein Vertrag mit Schutzwirkung zugunsten Dritter liegt in der Regel dann vor, wenn die Vertragserfüllung erkennbar in erhöhtem Maße gefährdet wird und der Interessenssphäre eines Vertragspartners angehören (Mrvošević, 2021, S. 1097). Die Schutzwirkungen eines Vertrags erfassen solche dritte Personen, deren Kontakt mit der vertraglichen Hauptleistung bei Vertragsabschluss vorhersehbar war und an denen der*die eigentliche Vertragspartner*in ein sichtbares eigenes Interesse hat oder gegenüber denen er*sie selbst offenkundig zur Fürsorge verpflichtet ist (Hussian, 2015, S. 74). Eine derartige Haftung kann aber einerseits nur in dem Ausmaß bestehen, wie sie der*die Vertragspartner*in ohnedies gegenüber seinem*seiner Vertragsparnter*in hat und andererseits nur subsidiär zu einer ohnedies bestehenden Haftung. Haftet der geschädigten Person daher ihr Gegenüber ohnedies vertraglich, weil etwa die schädigende Person Erfüllungsgehilfin des Gegenübers der geschädigten Person war, liegt ein Vertrag mit Schutzwirkung zugunsten Dritter vor (Kolmasch, 2018, S. 179). Um daher eine Haftung begründen zu können, bedarf es eines Anspruches des*der Vertragspatners*Vertragspartnerin gegenüber dem*der Auditor*in. Der OGH (OGH 5 Ob 262/01t) hat etwa eine vertragliche Haftung des*der Abschlussprüfers*Abschlussprüferin zugunsten der Gläubiger*innen des geprüften Unternehmens anerkannt (verneinend Zehetner, 2013, S. 79). Grundsätzlich wird aber bei derart zu übernehmenden Prüfpflichten eine Haftung durchaus restriktiv angesehen, zumal dem*der Auditor*in in diesem Fall aller Voraussicht nach keine werkvertragliche Erfüllungshaftung (diese besteht, wie oben ausgeführt, nur ob der Vollständigkeit der eingereichten

Unterlangen), sondern eine bloße Haftung nach Bemühen im Sinne eines freien Dienstvertrages trifft. Der*die im Rahmen eines Bauvorhabens beauftragte Prüfingenieur*in ist aus Sicht der höchstrichterlichen Rechtsprechung in diesem Zusammenhang ebenso nur zur Beschau in wesentlichen Phasen und zur Kontrolle der Pläne im Verhältnis zur Baubewilligung verpflichtet. Davon hingegen nicht umfasst ist die Prüfung der technischen Richtigkeit der Pläne oder statischen Unterlagen (Imre & Lackner, 2017, S. 153). Sollte daher der*die Auditor*in vertraglich nicht eindeutig für eine Richtigkeit einstehen müssen, könnte hier bereits allgemein eine Haftung wegfallen. Letztlich wird der*die Auditor*in auch als Erfüllungsgehilfe*Erfüllungsgehilfin anzusehen sein, weshalb auch aus diesem Grund eine vertragliche Haftung auf Basis eines Vertrages zugunsten Dritter gegenüber dem*der Auditor*in ausgeschlossen werden kann (Schopper & Setz, 2022, S. 5).

Eine Haftung des*der Auditors*Auditorin aufgrund einer unrichtiger bzw. nicht erlangten Zertifizierung besteht daher gegenüber den*die Bauherrin nur, wenn der*die Auditor*in bei der Sammlung der Unterlagen Fehler macht, nicht aber beim Vorgang der Zertifizierung selbst (den die Auditor*in meist ohnedies nicht durchführt). Gegenüber sonstigen Dritten ist eine Haftung der Auditor*in in der Regel ausgeschlossen.

3.2.7 Sachverständigenhaftung (§§ 1299 f. ABGB)

Ungeachtet der bestehenden und stetig neu ergehenden rechtlichen Regelungen ist der Begriff „nachhaltig“ weitgehend abstrakt und es existiert keine verbindliche oder einheitliche Definition des Begriffes (Halstenberg, 2011, Rn 1459). Offen bleibt daher, in welchem Ausmaß der*die Bauherr*in auf die den*die Bauunternehmer*in treffenden Sorgfaltspflichten vertrauen darf. Dies wird insbesondere dann der Fall sein, wenn der*die Bauherr*in bloß ein „nachhaltiges“ Gebäude in Auftrag gibt.

Die allgemeine Haftung des Sachverständigen ergibt sich aus §§ 1299 f. ABGB, wobei § 1299 die Diligenzpflicht von Personen regelt, die ein qualifiziertes Gewerbe öffentlich ausüben (Unger & Vrba, 2022, Rz 1). Personen, die ein qualifiziertes Gewerbe öffentlich ausüben, unterliegen einem erhöhtem Sorgfaltsmaßstab. Darunter fallen alle Berufe, die einer besondere Sachkenntnis und Anstrengung folgen, gleichgültig, ob sie ihre Tätigkeit selbständig oder unselbständig ausüben (Schadenersatz (ABGB und Nebengesetze), 2000, S. 107). Davon sind insbesondere Berufe betroffen, deren Ausübung eine besondere Sachkenntnis erfordert, wie beispielsweise die freien Berufe (Arzt*Ärztin, Rechtsanwalt*Rechtsanwältin, Notar*in, Steuerberater*in, Architekt*in, Immobilienmakler*in, etc.), aber auch beratende Unternehmen. Maßgeblich ist aber die mit der Profession verbundene Tätigkeit. Aus diesem Grund haften etwa Friseurmeister*innen bei der Fertigung einer Dauerwelle, Steinmetz*innen bei der Errichtung eines Grabsteins oder der*die Betreiber*in eines Campingplatzes im Rahmen seiner*ihrer Tätigkeit als Sachverständige*r. Die Haftung als sachverständige Person hängt dabei nicht mit dem Besitz einer öffentlich-rechtlichen Genehmigung zusammen, sondern trifft auch Personen, die ohne eine erforderliche Gewerbeberechtigung zu besitzen, Tätigkeiten ausüben, die eine besondere Sachkenntnis erfordern (Unger & Vrba, 2022, Rz 1). Durch die öffentliche Ausübung gibt der*die Betroffene zu erkennen, dass er*sie über die dafür notwendigen Fertigkeiten verfügt. Als sachverständige Person haftet dementsprechend auch nur jemand, der nach außen hin eine besondere Fachkunde beansprucht. In der Regel wird diese Auswirkung dadurch erfüllt, indem jemand eine besondere Fachkenntnis erforderliche geschäftliche Tätigkeit anbietet

(Schachenreiter, 2023, zu §1299 ABGB). Ein*e Architekt*in oder ein*e Baumeister*in ist daher auf seinem*ihrem Gebiet als Sachverständige*r anzusehen.

Jede Person, die als sachverständige Person Tätigkeiten erbringt, ist professionell, weswegen sich ihr Sorgfaltsmaßstab nicht anhand des Fleißes und an der Aufmerksamkeit eines maßgerechten Durchschnittsmenschen iSd § 1297 ABGB orientiert, sondern hat sie die von einer durchschnittlichen, fachkundigen Person des betreffenden Fachgebiets aufzuwendende Sorgfalt zu vertreten (OGH 1 Ob 529/89). Maßgeblich ist daher der Leistungsstandard der betroffenen Berufsgruppe (Pflichten der Empfangsbank gegen Überweisenden, 1987, S. 121). Der unter § 1299 ABGB normierte Sorgfaltsmaßstab ist rein objektiv zu beurteilen, sodass es nicht auf etwaige subjektive Fähigkeiten ankommt. Eine Verletzung der Sorgfaltspflicht liegt daher auch dann vor, wenn es dem*der Ausführenden im konkreten Fall an der Fachkunde mangelt (Schachenreiter, 2023, zu §1299 ABGB). Diese Verpflichtung geht derart weit, dass selbst dann, wenn er*sie bezogen auf die bestimmte Tätigkeit kein Fachmann*Fachfrau ist, er*sie für das Vorhandensein der entsprechenden Fertigkeiten einstehen muss (Warnpflicht des planenden Baumeisters, 2007, S. 245).

Bekennt sich der*die Auftragnehmer*in des*der Bauherren*der Bauherrin öffentlich zum Gewerbe der Baumeister*innen bzw. Bauträger*innen ist er*sie ebenso als Sachverständige*r iSd § 1299 ABGB anzusehen. Dabei hat der*die Bauunternehmer*in jedenfalls alle einschlägigen Bauvorschriften zu kennen (OGH 2 Ob 2171/96w, 1999, S. 230).

4 How to: Green Build(ings) unter österreichischen Gesichtspunkten

4.1.1 Subsumtion des anwendbaren Vertragsrechts für Green Build

Obwohl letztlich die Abgrenzung zwischen Werk und Kaufvertrag nicht (mehr) für das Bestehen einer Erfolgsverbindlichkeit und auch nicht mehr für die Gewährleistungsbehelfe relevant ist, gibt es weiterhin wesentliche Unterschiede in Bezug auf die spezifische Warnpflicht des*der Werkunternehmers*in, welche sich auf die Gewährleistung auswirken und ferner auf die Verteilung des Risikos (Kietaibl, 2021, zu § 1166 ABGB). Die Geltendmachung von Schadenersatzansprüchen betreffend der Gebäudeerrichtung fällt einem*einer Käufer*in weitaus schwieriger, weil sich die verkaufende Partei nur bei Übernahme einer spezifischen Herstellungsverpflichtung eine „begünstige" Gehilf*innenzurechnung des*der Gebäudeerrichters*Gebäuderrichterin nach § 1313a ABGB gegenüber der kaufenden Partei gefallen lassen muss. Im Zweifel muss jedenfalls davon ausgegangen werden, dass die Übernahme einer solchen Verpflichtung nicht vereinbart wurde, weil sich wohl kein*e Schuldner*in zu einer Leistung verpflichten wird, deren korrekte Erfüllung er*sie nicht beherrschen kann (Bernat & Schwarzenegger, 2010, S. 306). Zweifelsohne treffen den*die Werkerrichter*in gegenüber dem*der Auftraggeber*in daher weitläufigere Haftungsansprüche als den*die bloße*n Verkäufer*in eines Gebäudes, der*die Errichtung durch Dritte beauftragt hatte (Wilhelm, 1992, S. 316).

Rein formal ist die wesentlichste Unterscheidung zwischen Kauf- und Werkvertrag, dass der Preis beim Werkvertrag nicht zu den essentialia negotii gehört. In der Regel enthalten allerdings auch Werkverträge Bestimmungen zum Entgelt, weshalb dieses Merkmal bei der Unterscheidung selten weiterhilft (Wenusch, 2014, S. 59). Ungeachtet dessen, dass die Beistellung des Werkstoffes ein charakteristisches Element eines Werkvertrages ist, dem auch maßgebliche Beachtung bei der Unterscheidung zwischen Kauf- und Werkvertrag zukommt, stellt dies keine essentialia negotii dar und kann frei zwischen den Parteien geregelt werden (Böhler & Krejci, 2022, zu § 1166 ABGB). Dennoch sieht das ABGB in diesem Zusammenhang als Zweifelsregel vor: Hat der*die Werkunternehmer*in neben der Erstellung des Werkes ebenso die für die Werkerrichtung notwendigen Materialien zu besorgen, liegt ein Kaufvertrag vor. Werden allerdings die Materialen für die herzustellende Sache vom*von der Werkbesteller*in bereitgestellt, liegt im Regelfall ein Werkvertrag vor (§ 1166 ABGB). Verfolgt man dazu den Gesichtspunkt etwa aus grundsteuerrechtlicher Sicht, stellt sich die Lage nicht mehr eindeutig dar. Unstrittig ist, dass alles, was der*die Erwerber*in für den Erhalt eines Grundstückes aufwenden muss, als Gegenleistung im Sinne der Grunderwerbsteuer anzusehen ist. Hat der*die Erwerber*in zusätzlich Leistungen zu erbringen, erhöhen diese – unabhängig davon, wem der*die Erwerber*in diese Leistungen erbringt – ebenso die Gegenleistung, also die Bemessungsgrundlage für die Grunderwerbsteuer. Dies gilt auch für den Fall, wenn der*die Erwerber*in - im Zuge einer späteren Errichtung eines Hauses auf dem Grundstück - an ein von dem*der Verkäufer*in vorgegebenes Konzept gebunden ist. Aus grundsteuerrechtlicher Sicht ist daher der Kauf einer Liegenschaft mit anschließender Errichtung durch den*die Verkäufer*in, obwohl der*die Erwerber*in das Risiko trägt, ein gemeinschaftlicher Kaufvorgang (Fuhrmann, 2022, S. 238).

Kann jedoch bei der Herstellung des Werkes selbst die Bereitstellung von Materialen als übergeordnet angesehen werden, handelt es sich bei vertraglichen Regelungen über die Werkerstellung dennoch um einen

Werkvertrag. Das kann einerseits der Fall sein, wenn der*die Werkunternehmer*in zwar die Beistellung des Stoffes übernimmt, der Gegenstand aber nach den besonderen Wünschen und Bedürfnissen des*der Werkbesteller*in herzustellen ist, also eine individuelle Leistung geschuldet wird. Ein Werkvertrag kann ebenso vorliegen, wenn das Material mehr Wert ist, als die tatsächliche Arbeitsleistung (Kietaibl, 2021, zu § 1166 ABGB). Bei der Werkerrichtung von Gebäuden im Hoch- und Tiefbau ist in der Regel davon auszugehen, dass das Werk nach den individuellen Vorstellungen und Bedürfnissen des*der Bauherr*in anzufertigen ist, weswegen der Bauwerkvertrag im Hoch- und Tiefbau regelmäßig als Werkvertrag zu qualifizieren ist (Abgrenzung Werklieferungsvertrag von Werkvertrag, 2002, S. 150).

Der Verkauf eines bereits bestehenden Gebäudes ist als Kaufvertrag und die Beauftragung der Errichtung von Gebäuden als Werkvertrag einzuordnen. Den*der Errichter*in eines Gebäudes treffen daher die Pflichten eines*einer Werkunternehmers*Werkunternehmerin. Für die weiteren Aspekte von Green Build sind daher die rechtlichen Themen des*der Gebäuderrichters*Gebäuderrichterin und Bauherr*in im Rahmen eines Werkvertrages zu prüfen.

4.1.2 Rechtliche Qualifizierung nachhaltiger Aspekte im Rahmen der Errichtung

Bei der Errichtung von Immobilien ist der Gestaltungsspielraum im Sinne der Errichtung eines nachhaltigen Gebäudes, welcher auch vom*von der Bauherrn*Bauherrin vorgegeben werden kann, wesentlich umfassender (Schopper & Setz, 2022, S. 35). Aufgrund der mit dem Begriff nachhaltig einhergehenden Unbestimmtheit, kann sich der*die Bauherr*in aber nicht mit einer bloßen Festlegung abstrakter Begrifflichkeiten (wie etwa

Errichtung eines „nachhaltigen“ Gebäudes) abfinden, um letztlich die Errichtung eines nachhaltiges Gebäudes in Auftrag zu geben (Halstenberg, 2011, Rn 1459).

Auch wenn der konkrete finanzielle Mehrwert von Green Buildings in der Praxis eher schwierig zu bestimmen ist, kann von einer Steigerung durch ideelle Anreize der Käufer*innen und den damit verbundenen Zertifizierungen gesprochen werden (Rottke, 2016, S. 442). Zertifizierungen sind daher weit verbreitet. Generell prüft die Zertifizierungsstelle allerdings nicht das Gebäude per se, sondern nur ob die anhand der eingereichten Unterlagen ermittelten Daten eine Zertifizierung rechtfertigen (Schlemminger, 2014, S. 3186). Zu beachten ist letztlich, dass die Regelungen zur EU- Taxonomie Verordnung unabhängig bzw. als Ergänzung zu etwaigen Gebäudezertifizierungen stehen. Obwohl die Gebäudezertifikate bei den Regelungen zur EU-Taxonomie nicht berücksichtigt worden sind, können etwaige Gebäudezertifikate, sofern diese die Einhaltung bestimmter Regelungen darstellen, behelfsweise auch herangezogen werden. Eine Zertifizierung bedeutet zwangsweise nicht, auch eine nachhaltige Tätigkeit im Sinne der EU-Taxonomie Verordnung gesetzt zu haben (Europäische Kommission, 2022, S. 46, Frage 103).

Für eine rechtliche Bestimmung eines ökologisch nachhaltigen Gebäudes geben Zertifizierungen daher nur bedingt Auskunft, sondern ist dafür die EU-Taxonomie Verordnung und ihre zugehörigen delegierten Rechtsakte heranzuziehen.

Letzten Endes müssen bei der Errichtung eines Gebäudes wesentliche Voraussetzungen erfüllt werden bzw. muss verhindert werden, dass bestimmte Knock-Out Kriterien eintreten, andernfalls wäre die Wirtschaftstätigkeit „Neubau“ nicht als nachhaltig einzustufen (zumindest im Sinne der EU-Taxonomie Verordnung - siehe dazu etwa bereits unter Punkt 3.1). Aus Sicht nachhaltiger Investitionen gewinnt die Unterscheidung Neuerrichtung oder Erwerb von bestehenden Gebäuden daher neuerlich an Relevanz. Wie unter Punkt 2.4 bereits ausgeführt, knüpfen die vorliegenden Regelungen der EU-Taxonomie Verordnung beim Erwerb von Eigentum von Gebäuden an andere – weniger strenge - technische Bewertungskriterien als bei Neubau einer Immobilie. Während es bei Errichtung einer Immobilie diverse Vorgaben gibt, damit Klimaziele nicht erheblich beeinträchtigt werden (z.B. im Hinblick auf die verwendeten Baustoffe), ist etwa im Rahmen des Eigentumserwerbs nur die Energiebilanz des Gebäudes maßgeblich (Europäische Kommission, 2022, S. 59 Antwort 141). Der*die Bauträger*in erbringen eindeutig die Tätigkeit Neubau, weswegen wie die dafür festgelegten Voraussetzungen zur Anwendung gelangen. Ein*e Käufer*in hat demgegenüber das Wahlrecht, ob er*sie er Leistungen für die Tätigkeit Neubau oder Erwerb von und Eigentum an Immobilien erbringen möchte (3.1.2). Je nachdem, ob die Errichtung nunmehr einen wesentlichen Beitrag zum Klimaschutz oder zur Anpassung an den Klimawandel leisten soll, muss daher das Gebäude die dort festgelegten Voraussetzungen erfüllen. Im Ergebnis geht jedoch damit ein beachtliches Haftungsrisiko einher. Dementsprechend muss es das Ziel eines*einer jeden Bauherren*Bauherrin sein, Green Building Standards im bestmöglichen Detailierungsgrad als vertraglich geschuldete Leistung in die Verträge zu integrieren, während Ausführende versuchen werden, das Leistungsbild abschließend zu definieren und etwaige Haftungen zu beschränken (Circo, 2011, S. 485). Die Umsetzung von

Nachhaltigkeitsmaßnahmen setzt daher generell eine weitaus intensivere Abstimmung der einzelnen Projektbeteiligten voraus. Die Preisbildung gestaltet sich daher auch für den*die Auftragnehmer*in schwieriger, weil bestimmte Bereiche mitgedacht werden müssen (wie etwa zum Beispiel Abfallmanagement), die vollkommen außerhalb seiner*ihrer Kontrolle liegen. Circo (Circo, 2011, S. 486) vermeint daher, dass ein gemeinsames „vertragliches" Vorgehen zwischen ausführender Baufirma und Planung im Rahmen eines Totalunternehmer*innenvertrages jedenfalls als Ziel in Betracht zu ziehen ist. Letztlich ist die Umsetzung eines nachhaltigen Gebäudes ein komplexer und vielschichtiger Prozess, der nicht nur ökonomische und ökologische Qualitäten abzubilden hat, sondern ebenso städtebauliche, gestalterische und technische Eigenschaften, besondere Ablaufverfahren und Endnutzerfreundlichkeit (HFK Rechtsanwälte Heiermann Franke Knipp, 2010, S. 25). Sowohl ausführende Bauunternehmen als auch Auditor*in sind für den*die Bauherr*in auf Werkvertragsbasis tätig. Für die Haftungsfrage ist dabei relevant, aus welcher Sphäre die Umstände entstammen, die schlussendlich eine Werkerfüllung verhindert haben (Willhelm, 2002, S. 508).

Aus Sicht des Verfassers drängen sich in diesem Zusammenhang zwei Problemstellungen auf:

a) Einerseits aus Sicht der Vertragslage: Welche Eigenschaften darf der*die Bauherr*in als Vertragsbestandteil erachten bzw. gewöhnlich voraussetzen?

b) Andererseits aus Sicht des*der Auftragnehmer*in: Wie weit reichen die Sorgfaltspflichten eines*einer fachkundigen Auftragnehmers*Auftragnehmerin?

*4.1.2.1 Welche Eigenschaften darf der*die Bauherr*in als Vertragsbestandteil erachten bzw. gewöhnlich voraussetzen?*

Nicht oft genug erwähnt werden kann, dass der Begriff „nachhaltig" unbestimmt ist. Selbst wenn sich die Parteien daher auf die Errichtung eines nachhaltiges Gebäude verständigen, bedeutet das nicht, dass letztlich beide von den Gleichen Kriterien ausgehen (dazu bereits Punkt 2.2). Je detaillierter etwaige Ziele vertraglich geregelt werden, desto klarer wird der*die Ausführende zur Einhaltung der Nachhaltigkeitsziele als vertraglich bedungene Eigenschaft verpflichtet werden. Gerade weil bei Auslegungsfragen nicht auf das abzustellen ist, was der*die Erklärende wollte, sondern darauf was der*die Erklärungsempfänger*in bei üblicher Geschäftsgebarung verstehen durfte, sind hier Konfliktpunkte vorprogrammiert (siehe dazu bereits Punkt 3.2.5).

Besteht nunmehr Uneinigkeit über die Auslegung bestimmter Nachhaltigkeitsziele, ist die allgemeine Geschäftsgebarung in diesem Zusammenhang auszuforschen. Von Bedeutung ist hierbei, welche Nachhaltigkeitskriterien erfüllt werden müssen. Soll etwa durch die wirtschaftliche Tätigkeit ein wesentlicher Beitrag zur Anpassung an den Klimawandel geleistet werden, bzw. soll dieses Umweltziel nicht erheblich beeinträchtigt werden, ist der zukünftige Primärenergiebedarf des Gebäudes für die Beurteilung maßgeblich (Punkt 3.1). Nachdem der Primärenergiebedarf im Energieausweis anzuführen ist und die Einhaltung des dort ausgewiesenen Wertes eine zwingende bedungene Eigenschaft ist (Punkt 3.2.5), ist seitens des Verfassers naheliegend, dass – sofern der*die Bauherr*in die Erreichung dieses Umweltziels ausreichend dem*der Auftragnehmer*in mitgeteilt hat – die Erzielung der notwendigen Schwelle betreffend den Primärenergiebedarf als gewöhnlich vorausgesetzte Eigenschaft angesehen werden kann. Die Einhaltung der den*die Ausführende*n treffende Pflichten nach dem Energieausweisvorlagegesetz ist ebenso von der Verkehrsauffassung als gewöhnliche Eigenschaften anzusehen (siehe unter Punkt 3.2.5). Der Teufel steckt allerdings im Detail. Wie bereits erwähnt, liefert der österreichische Energieausweis nur Näherungswerte, die auf Basis der bei seiner Erstellung vorliegenden Daten ermittelt werden. Nachdem nicht das Gebäude selbst, sondern die verwendeten Materialien bewertet werden, kann der Energieausweis auch bereits vor Fertigstellung erstellt und übergeben worden sein, was grundsätzlich auch vom Gesetzgeber so gewünscht wird (siehe dazu Punkt 3.2.5.3). Die Heranziehung eines solchen Energieausweis „as-designed" erlaubt die EU-Taxonomie Verordnung allerdings nur als Provisorium, weswegen nach Fertigstellung ein Energieausweis „as-built" für die Bewertung der Taxonomiekonformität heranzuziehen ist (Europäische Kommission, 2022, S. 50, Frage 115).[8] Kann schlussendlich dem Gebäude keine taxonomiekonforme Errichtung attestiert werden, obwohl sich etwaige Abweichungen zwischen dem neu erstellten Energieausweis „as-built" zum Energieausweis „as-designed" in der zulässigen Bandbreite halten, bleibt fraglich, wer dafür einzustehen hat. Ohne detaillierte Erläuterung dieser Problematik stammt diese

---

[8] Diese Ansicht geht derart weit, dass sollten verschiedene Wohnungen errichtet worden sein, bei welchen unklar ist, ob alle dieselben Energiewerte ausweisen, muss für jede dieser Wohnungen ein Energieausweis erstellt werden (Europäische Kommission, 2022, S. 50).

unklare Aussage letztlich aus der Sphäre des*der Bauträgers*Bauträgerin, weswegen der*die Bauträger*in keine Haftung des*der Auftragnehmers*Auftragnehmerin herbeiführen wird können, der*die diese Abweichung zu verantworten hat (§ 915 ABGB). Obwohl daher bereits ein Energieausweis vorhanden sein könnte, aus dem grundsätzlich die Einhaltung der von der EU-Taxonomie Verordnung vorgegebenen Grenzwerte hervorgeht, bleibt es unerlässlich sich im Vertrag auf exakte Zahlenwerte zu verständigen.

Noch undurchsichtiger verhält es sich mit der Einhaltung anderer Kriterien, die nicht landläufig in Österreich bekannt sind. Obwohl etwa Circo (Circo, 2011, S. 494) eine Weiterentwicklung der Branche in Richtung Green Building voraussagt, ist das Thema – jedenfalls in Österreich – noch nicht in breiten Fachkreisen gänzlich angekommen, sodass bei der Einhaltung dieser Kriterien im Zweifel wohl eher nicht von gewöhnlich vorausgesetzten Eigenschaften auszugehen ist. Dementsprechend werden die maßgeblichen Auslegungskriterien immer dem Vertrag selbst und den begleitenden Umständen zu entnehmen sein (Limberg, 2015, S. 59). Die bloße Verwendung gleichlautender, aber generischer Begrifflichkeiten (wie z.B. „nachhaltiges Gebäude"), die etwa in den einschlägigen europäischen Normen enthalten sind, sind aber aus Sicht des Verfassers am österreichischen Markt zu unbestimmt. Diese können daher beim*bei der objektiven Erklärungsempfänger*in nicht dasselbe Verständnis hervorrufen, das die europäische Norm vermitteln will (anders aber etwa im Kollektivvertragsrecht, Wiesinger, 2020, S. 6710). Dazu müsste der*die Bauherr*in bei den Vertragsverhandlungen detaillierter erläutern, was er*sie unter den verwendeten Begrifflichkeiten versteht. Selbst wenn in bestimmten Fachkreisen unter dem Begriff eines nachhaltigen Gebäudes die Vorgaben der EU- Taxonomie Verordnung verstanden werden können, kann dem Gegenüber bei Nichtaufklärung über das Nichterreichen dieser Vorgaben dennoch keine Verletzung der ihn*sie treffenden gebotenen Sorgfalt angelastet werden (Hussian, 2014, S. 68). Obwohl daher einem*einer objektiven Baufachmann*Baufachfrau vorgehalten werden kann, alle nationalen maßgeblichen Normen zu kennen, kann nicht verlangt werden, über die gesamte (internationale) Gesetzgebung informiert zu sein, zumal diese Normen Themen behandeln, die ihn*sie nicht direkt tangieren (Kolmasch, 2018, S. 58).

*4.1.2.2 Wie weit reichen die Sorgfaltspflichten eines*einer fachkundigen Auftragnehmers*Auftragnehmerin?*

Nachdem durch die bloße Aufnahme des Begriffes „Nachhaltigkeit" der Auftragsumfang nicht technisch hinreichend detailliert festgestellt wird, stellt sich nunmehr die Frage hinsichtlich der den*die Professionist*in treffenden (Aufklärungs-) Pflichten.

Wie bereits festgestellt werden konnte, ist der*die Auftragnehmer*in als Sachverständige*r anzusehen, weshalb sich sein*ihr Sorgfaltsmaßstab daher an dem Sorgfaltsmaßstab eines*einer durchschnittlichen Fachmannes*Fachfrau orientiert (siehe bereits Punkt 3.2.7). Generell haftet der*die Ausführende daher nur für Fehler, sofern diese einer professionellen Ausführung widersprechen. In aller Regel werden daher Haftungen, welche das Erreichen eines bestimmten Zertifikates oder sonstiger eindeutiger Ergebnisse, wie etwa eine bestimmte Energieeffizienz, abgelehnt. Nach Circos (Circo, 2011, S. 494) Ansicht entwickeln sich diese Grenzen einer professionellen Ausübung – aus seiner Sicht zusammengefasst unter dem Begriff „standard of care" – allerdings stetig weiter, zumal sich einerseits die Bewegung rund um „Green Buildings" ausweitet und andererseits Ausführende schon bereits aus ihrer Berufsethik immer mehr dazu angehalten sind, ihre Bauherren*Bauherrinnen über Nachhaltigkeitsthemen zu beraten. Grundsätzlich obliegt dem*der Auftragnehmer*in als Sachverständige*r aber generell nur die übliche Sorgfaltspflicht seiner*ihrer Berufsgruppe, wobei dem*der Sachverständigen*Sachverständigin keine außergewöhnlichen Fähigkeiten abverlangt werden dürfen (Kolmasch, 2018, S. 58). Nationale technische Rahmenkriterien liegen mit Ausnahme des EAVG bislang keine vor (Stadler, 2022).

Nachdem sich der*die Auftragnehmer*in die durchschnittliche Sachkunde eines*einer Fachmannes*Fachfrau in diesem Bereich anrechnen lassen muss, kann der*die Ausführende auch nicht auf Unkenntnis der geltenden gesetzlichen Bestimmungen berufen, weshalb er*sie zumindest seine*ihre Verpflichtung nach dem Energieausweisvorlagegesetz kennen muss. Ebenso darf der*die Sachverständige nicht über sein*ihr Fachwissen Leistungen erbringen. Sichert der*die Sachverständige Leistungen zu, wofür er*sie keine fachkundige Person ist, hat*er sie für das Vorhandensein der entsprechenden Fertigkeiten einzustehen (Punkt 3.2.7).

In welchem Ausmaß nunmehr eine Haftung des*der Auftragnehmer*in bestehen könnte, ist anhand des Leistungsinhalts zu ermitteln, dessen Feststellung allerdings auch in der Judikatur strittig ist (OGH 5 Ob 127/11d). Maßgeblich ist hier generell der Vertragsinhalt. Wenusch (Wenusch, 2019, S. 44) möchte in diesem Zusammenhang zwischen Konstruktion (z.B. „Errichtung eines Kellers aus Schalsteinen auf einem Streifenfundament") und Funktion (z.B. „Errichtung eines trockenen Kellers mit ausreichender Fundierung") unterscheiden. Obwohl das primäre Interesse des*der Bauherrn*Bauherrin zwar in einer funktionalen Ausschreibung liegt, wird in der Praxis so gut wie immer die Errichtung einer bloßen Konstruktion vereinbart. Nach Ansicht von Wenusch (Wenusch, 2019, S. 45) liegt das unter anderem daran, dass der*die Bauherr*in wissen möchte, was er für sein Geld erhält (auch um verschiedene Angebote vergleichen zu können), weswegen zusätzliche Planungen des*der Unternehmer*in (inklusive etwaiger „Reserven“) eher unerwünscht sind.

Um feststellen zu können, ob hinsichtlich bestimmter Vereinbarungen ein widersprüchlicher Werkvertrag vorliegt und welche rechtlichen Konsequenzen sich daraus ergeben, hat der OGH (2 Ob 230/17p) ein Fallprüfungsschema entwickelt. Dabei werden zwei mögliche Ausgangssachverhalte durch den OGH definiert: Einerseits kann eine Ausführung des Werkes vereinbart werden, die aufgrund der konkreten Verhältnisse nicht geeignet ist. In einem solchen Fall ist zunächst eine irrtumsrechtliche Vertragsanpassung herbeizuführen, die unter Umständen auch mit einer Erhöhung des Entgelts verbunden wäre. Rechtsbehelfe wie Gewährleistung greifen erst danach. Dasselbe gilt auch bei einer Haftung für den Fall einer Warnpflichtverletzung, wobei der*die Besteller*in letztlich so zu stellen wäre, als ob der*die Unternehmer*in seiner*ihrer Warnpflicht entsprochen hätte – Mehrkosten, die der*die Besteller*in sowieso aufgrund einer nachhaltigen Ausführung gehabt hätte, kann der*die Besteller*in nicht vom*von der Werkunternehmer*in einfordern. Andererseits und somit zum zweiten möglichen Ausgangssachverhalt kommend, könnte sich im Wege der Vertragsauslegung ergeben, dass bestimmte Elemente der Leistungsbeschreibung für den*die Werkbesteller*in keine Bedeutung haben, weil es ihm*ihr – und zwar auch für den*die Werkunternehmer*in erkennbar – nur auf die vereinbarte Funktionalität ankommt. In einem solchen Fall liegt kein widersprüchlicher Werkvertrag vor und stellt sich das Problem der Kosten der (ohnedies nicht gewünschten) Mehrleistungen nicht. In einem solchen Fall liegt Schlechterfüllung vor, was zu vertraglichen Schaden – und Gewährleistungsansprüchen führen kann (2 Ob 230/17p).

Wird nunmehr letztlich vom*von der Werkbesteller*in eine bloße Konstruktion gewünscht, ist in der Regel auszuschließen, dass eine (vielleicht sogar gewöhnlich vorausgesetzte) bestimmte Funktion geschuldet wird, weil die klare Vereinbarung einer Konstruktion die stillschweigende Festlegung einer Funktion ausschließt (Wenusch, 2019, S. 47). Daraus ergibt sich, sofern für den*die Werkunternehmer*in (objektiv) erkennbar war, dass der*die Werkbesteller*in nur auf die Errichtung einer bestimmten Konstruktion abstellt, nur eine solche geliefert werden muss. Dem*der Werkbesteller*in bleibt eine - nicht aussichtsreiche – Anfechtung des Vertrages aufgrund eines (Motiv-)Irrtums vorbehalten (Kolmasch, 2019, S.194). Wurde hingegen eine bestimmte Funktion vereinbart, trifft den*die Werkunternehmer*in zumindest eine Aufklärungspflicht, sollten die Anweisungen unzureichend sein. Schließlich muss von einem*einer Baumeister*in oder Architekt*in als Sachverständige*r erwartet werden können, dass er*sie über einschlägige Probleme Bescheid weiß und dass er richtige Auskünfte erteilen muss (Kothbauer, 2021, S. 400). Allzu weit gefasst kann diese Aufklärungspflicht allerdings nicht gesehen werden, weil die gewünschte Funktion grundsätzlich durch den*die Werkbesteller*in bereits vorgegeben wurde und undeutliche Formulierungen in einem solchen Fall dem*der Werkbesteller*in zuzurechnen sind (§ 915 ABGB). Eine detaillierte Aufklärung, wie die gewünschte Funktion ungeachtet der falschen Anweisungen dennoch erreicht werden kann, darf sich der*die Werkbesteller*in daher nicht erwarten (Wenusch, 2019, S. 48). Dem könnte man wiederum nur die Stellung des*der Werkunternehmers*Werkunternehmerin als Sachverständige*r entgegenhalten. Gerade weil der Begriff „Nachhaltigkeit" weit gefasst ist und auch ein*e Sachverständige*r nicht alle möglichen Themenbereiche kennen muss, darf eine derartige Verpflichtung sicherlich nicht überzogen werden (dazu bereits 3.2.6).

4.1.3 Errichtung eines Gebäudes unter dem Gesichtspunkt Green Build

Das Thema Nachhaltigkeit hat in der Österreichische Baubranche noch nicht wirklich Einzug gefunden. Technische Rahmenbedingungen werden aktuell nur auf Europäischer Ebene vorgegeben, wobei auch diese Maßnahmen nur unter gewissen Umständen verbindlich sind. Ferner kann davon ausgegangen werden, dass als Vertragsinhalt nur das gewöhnlich Vorausgesetzte gilt. Stillschweigend bedungen wird daher, das was in der Natur des Geschäfts liegt (Wenusch, 2019, S. 46). In Anbetracht fehlender nationaler Normen (Kraml in Druck) und der generellen Unbestimmtheit des Begriffes „nachhaltig" (Halstenberg, 2011, Rn 1459) sowie des Umstandes, dass ein weitläufiges Verständnis marktüblichen Standards fehlt (Pressler & Koller, 2020), zählen Vorgaben über die nachhaltige Gebäuderrichtung generell nicht zum gewöhnlich vorausgesetzten Vertragsinhalt. Dies betrifft sogar Kriterien die in nationalen Gesetzen verankert sind und eigentlich bekannt sein müss(t)en (wie z.B. bei dem im Energieausweis enthaltenen Primärenergiebedarfs).

Je nachdem, ob der*die Bauherr*in nunmehr die Errichtung eines nachhaltigen Gebäudes funktional oder konstruktiv vorgibt, sind unterschiedliche Problemstellungen zu meistern. Bei der funktionalen Ausschreibung muss der Begriff Nachhaltigkeit in Anlehnung zu den Ausführungen zu 3.1 so detailliert wie möglich definiert werden. Je detaillierter der Begriff Nachhaltigkeit im Vertrag abgefasst wird, desto größer ist die Wahrscheinlichkeit, dass man als Bauherr*in auch schließlich ein nachhaltiges Gebäude erhält. Im Zuge einer konstruktiven Leistungsvergabe muss sich der*die Bauherr*in exakt an den Bestimmungen der EU-Taxonomie Verordnung orientieren und die zu verwendenden Materialien bzw. zu errichtenden

Gebäudeelemente derart klar umschreiben, sodass die in der EU-Taxonomie Verordnung genannten Vorgaben letztlich erfüllt werden.

Auch wenn – wie zuvor unter 3.2.7 und 4.1.2 beschrieben – die von den Werkunternehmer*innen (auch etwa bei Aufklärungspflichten) beizubringende fachliche Expertise in diesem Zusammenhang nicht überbewertet werden darf, besteht aus Sicht des Verfassers allerdings eine direkte Verbindung zwischen Haftung und Detailierungsgrad des Auftrages. Sachverständige haften zwar nur für die gewöhnliche Fachkunde ihres Berufsstandes, maßen sie sich jedoch Tätigkeiten an, die darüber hinaus gehen, besteht dennoch eine Haftung (Warnpflicht des planenden Baumeisters, 2007, S. 245). Je detaillierter daher die einzelnen Vorgaben gefasst sind, desto stärker wird die Mitwirkungspflicht des*der Werkunternehmers*Werkunternehmerin ausfallen. Aus diesem Grund ist der Begriff Nachhaltigkeit jedenfalls anhand klarer Kennzahlen zu definieren bzw. die für die Zielerreichung zu verwendenden Materialien genau festzulegen. Wurde der Leistungsgegenstand hinreichend festgelegt, liegt bei Nichterreichen der Ziele ein Sachmangel vor und der*die Werkunternehmer*in haftet unter dem Rechtstitel der Gewährleistung.

Dennoch bleibt der Begriff „nachhaltig“ unbestimmt und muss sich jede*r Auftraggeber*in selbst darüber im Klaren sein, welchen Anforderungen das Gebäude schlussendlich gerecht werden soll, was gerade vom*von der Bauherren*Bauherrin umfangreiches Detailwissen auf diesem Gebiet abverlangt.

4.2 International

Mit Berücksichtigung der bereits umfassenden Bearbeitung des Themas unter österreichischen Gesichtspunkten sollen hier nur maßgebliche internationale Unterscheidungen hervorgehoben werden.

Deutschland unterliegt etwa einem strengeren Maßstab, das AGB- Recht betreffend (Wittwer, 2022, S. 61). In Deutschland herrscht dazu auch seit geraumer Zeit die Debatte, ob das deutsche AGB- Recht die private Gestaltungsautonomie übermäßig beschränkt (Armbrüster, 2019, S. 44). Bei Festlegung des Auftragsinhaltes sind daher insbesondere diese Aspekte miteinzubeziehen und bedarf es einer umseitigen Erörterung der Vertragsparteien über den Leistungsgegenstand.

In Frankreich wurde bereits mit der Wärmeverordnung von 2012 ein Niedrigstenergiestandard geschaffen, der regelmäßig erweitert wird. Auch die „Wärmeverordnung Gesamtgebäude", welche bereits 2008 eingeführt, allerdings 2017 reformiert wurde, sieht unter anderem vor, dass bei Sanierungen der Gesamtenergieverbrauch 30 Prozent unter dem errechneten Ausgangsniveau liegen muss Diese Voraussetzung erinnert bereits sehr stark an die in der EU-Taxonomie Verordnung vorgeschriebenen Grenze von nachhaltigen Sanierungen (Einsparung von 30% des Primärenergiebedarfes) (Bruhin, Groezinger & Lindner, 2019, S. 36). Frankreichs Regelungen zur Nachhaltigkeit sind daher weit detaillierter gefasst als in Österreich, was zweifelsohne eine leichtere Vertragsgestaltung mit sich bringt.

Die Niederlande haben gesetzlich normiert, dass mit 01.01.2023 alle Bürogebäude in einem Ausmaß von mehr als 100 m² zumindest die Energieklasse „C" aufweisen müssen. Werden diese Kriterien nicht erfüllt, darf das Büro nicht mehr benutzt werden. Bei Nichteinhaltung spricht die niederländische Behörde Benützungsverbote aus bzw. verhängt Strafen (Christ, 2018).

4.3 Ausblick

Österreich liegt im internationalen Vergleich hinter seinen europäischen Partnern. Es ist daher zu vermuten, dass auch in Österreich Regelungen zur nachhaltigen Gebäudeerrichtung immer wichtiger werden.

Technische Regulierungsstandards im Sinne einer neuen 7. OIB – Richtlinie werden mit 2027 erwartet. Auch diese Richtlinie wird sich stark an den fortschreitenden Anpassungen zur EU- Taxonomie orientieren (Stadler, 2022). Bislang konnte demnach nur die EU etwas (rechtliche) Klarheit in diese Thematik Green Build bringen

Jedenfalls bleibt abzuwarten, wie der österreichische Gesetzgeber auf den europäischen Druck reagiert; er also selbst aktiv wird oder sich weiterhin gänzlich auf den europäischen Gesetzgeber verlässt. Von verpflichtenden Regelungen zur Gebäudesanierung, wie etwa in den Niederlanden, ist man hierzulande jedenfalls noch weit entfernt.

5 Elemente für Green Lease

5.1 Einführung in Green Lease

In Österreich rückt der schonende Umgang mit Ressourcen und Umweltfreundlichkeit sowie auch die soziale Nachhaltigkeit in den letzten Jahren immer mehr in den Fokus von Projektentwickler*innen und Investor*innen. Letztlich sind EU-weit 75% aller Gebäude nicht energieeffizient (Artner & Pugl, 2021, S. 124). Raumwärme, Warmwasser und Klimatisierung machen dabei in Österreich 27% des Gesamtenergieverbrauches aus, weswegen dem Energieverbrauch in Gebäuden rund 10% der Emissionen der österreichischen Treibhausenergiebilanz zugerechnet werden. Um daher die Klimaziele zu erreichen bzw. den Gebäudesektor klimaneutral gestalten zu können, müssen die Treibhausgasemissionen um knapp 10 Millionen Tonnen pro Jahr gesenkt werden (Weber & Zucker, 2022, S. 16 & 18).

Ebenso unterliegen bereits zahlreiche Unternehmen im Rahmen ihrer Corporate Social Responsibility gewissen Mindeststandards in Bezug auf ihr Handeln in ökonomischer, sozialer aber vor allem auch ökologischer Hinsicht. Hiervon sind vor allem Unternehmen aus dem Immobiliensektor betroffen, weil sie in einem großen Ausmaß zur Umweltbelastung beitragen. Bestrebungen, nicht nur im Bereich des Green Building, sondern auch in der Nutzung und Bewirtschaftung von Immobilien ökologischer zu handeln und zu gestalten, sind am deutschsprachigen Markt noch relativ jung. All diese Absichten erfordern einen „grünen" Mietvertrag, einen sogenannten Green Lease, der die Vertragspartner*innen dazu auffordert, sich ökologisch und ressourcenschonend zu verhalten (Binkowski, 2014, S. 107).

Erste Ansätze und Überlegungen zu Green Lease stammen aus den Case-Law dominierten Staaten wie etwa Australien (vgl. Bright, Dixon, Janda, Patrick & Wilkinson, 2016, S. 661). Der Zentrale Immobilien Ausschuss [ZIA] (ZIA, 2018, S. 11) definiert den Green Lease wie folgt: „Ein Green Lease ist ein auf Nachhaltigkeit gerichteter Mietvertrag, der durch seine besondere Ausgestaltung – gegebenenfalls flankiert durch die Anforderungen einer etwa vorhandenen Zertifizierung der Immobilie – den*die Mieter*in zu einer möglichst nachhaltigen Nutzung und den*die Vermieter*in zu einer möglichst nachhaltigen Bewirtschaftung der Immobilie veranlassen soll.“ Entsprechend der vorhergehenden Definition hat ZIA in seiner Urfassung definiert, dass ein Green Lease zumindest eine Regelung zur nachhaltigen Nutzung und Bewirtschaftung des Mietobjekts im laufenden Betrieb, Reduzierung von Abfällen, Verbräuchen und Emissionen sowie die Durchführung von ökologisch unbedenklichen Erhaltungs-, Modernisierungs- und sonstigen Baumaßnahmen enthalten soll.[9] Die Regelungsempfehlungen der ZIA zu den Green Lease Verträgen gehören derzeit wohl zu den gängigsten am deutschsprachigen Markt.

Artner & Pugl (Artner & Pugl, 2021, S. 129) sehen im Green Lease einen Mietvertrag, in welchem sich die Vertragsparteien eine nachhaltige Nutzung und Bewirtschaftung des Mietobjekts zum Ziel gesetzt haben.

Bright, Dixon, Janda, Patrick & Wilkinson (Bright, Dixon, Janda, Patrick & Wilkinson, 2016, S. 661) vermeinten hingegen bereits 2016, dass ein Green Lease zwar auf der Basis „grüner“ bzw. nachhaltiger

---

[9] Anzumerken ist, dass der ZIA aktuell einen Green Lease 2.0 entwickelt, der von den vorstehenden Definitionen abweichen wird.

Bestimmungen steht, der Hauptzweck des Green Lease soll aber auf die Änderung bestehender organisatorischer Praktiken abstellen. Während diese gängige Vermietungsstandards sehr restriktiv gestaltet sind, stehen sie einer guten umweltbewussten Führung der Immobilien entgegen, weswegen der Green Lease Vermieter*innen und Mieter*innen dazu anhalten soll, mehr kooperativ zusammenzuarbeiten. Aus diesem Grund bezeichnen die Vorgenannten einen Green Lease auch als Performance Lease.

Letztlich ist „Green Lease“ ebenso wenig wie der Begriff „Green Build“ vorgefertigt definiert. Es bleibt daher unklar, welche Regelungen enthalten sein müssen, um von einem Green Lease zu sprechen. Einerseits geben zwar rechtliche Regelungen – wie etwa die EU-Taxonomie und ihre DelVO – technische (und damit auch rechtliche) Rahmenbedingungen einer nachhaltigen Nutzung vor. Andererseits besteht insoweit ein Grundverständnis aller Marktteilnehmer*innen, dass ein Green Lease, die nachhaltige Nutzung des Mietobjekts zum Thema hat; klare Eckpunkte gibt es aber nicht. Obwohl daher die Inhalte der Green Lease Verträge an die jeweilige Vermietungssituation, vor allem in Hinblick auf die Gebäudeart, die Nutzung sowie die Parteieninteressen individuell angepasst werden müssen (Binkowski, 2014, S. 107), werden dennoch gesetzlich wie politisch bereits Themenbereiche vorgegeben, die ein nachhaltiger Mietvertrag abzudecken hat.

Maßgeblichste gesetzliche Regelung ist in diesem Zusammenhang wiederum die EU-Taxonomie Verordnung mitsamt ihrer DelVO (siehe dazu bereits 2.4.). Dabei ist allerdings nun nicht die Tätigkeit Neubau, sondern einerseits Erwerb von und Eigentum an Gebäuden sowie andererseits Renovierung relevant. Um demnach als Vermieter*in oder Mieter*in im Rahmen der EU-Taxonomie Verordnung eine nachhaltige Investition zu leisten, muss durch diese beiden vorgenannten Tätigkeiten ein wesentlicher Beitrag zu einem der Klimaziele geleistet werden (vgl. dazu bereits Punkt 2.3). Die Vorgaben für Neubau können aus Vermieter*innensicht allerdings weiterhin im Rahmen der Neuerrichtung einer Immobilie bei Mieter*innenausbauten zu berücksichtigen sein.

Im Zuge einer Renovierung erbringt man einen wesentlichen Beitrag zum Klimaschutz, wenn die Anforderungen an große Renovierungen erfüllt sind, oder der Primärenergiebedarf des Gebäudes um 30% verringert wird. Eine große Renovierung liegt vor, wenn die in Richtlinie 2010/31/EU festgeschriebenen Anforderungen erfüllt werden. Die Richtlinie gibt den Mitgliedstaaten zwei Möglichkeiten zur Umsetzung vor. Entweder müssen die Gesamtkosten der Renovierung 25 % höher als der Gebäudewert sein oder 25% der Gebäudeaußenseite müssen renoviert werden (Europäische Kommission, 2022, S. 56). In Österreich wurde der Begriff im Rahmen der Techniknovelle 2012 in die Wiener Bauordnung integriert. Für eine größere Renovierung in Österreich sind daher mehr als 25 % der Oberfläche der Gebäudehülle zu renovieren. Demgegenüber wurde in der OIB- Richtlinie 6 klargestellt, dass auch auf eine Summe von Einzelmaßnahmen die Anforderungen für größere Renovierungen anzuwenden sind, sofern ein Sanierungskonzept vorliegt und es sich um eine etappenweise Sanierung handelt. Demnach haben Einzelbauteilsanierungen, der Tausch oder Einbau einzelner Komponenten des gebäudetechnischen Systems derart zu erfolgen, dass unter Berücksichtigung dieser Einzelmaßnahmen die Zielwertanforderungen für große Sanierungen mit weiteren (aber nicht zeitgleich durchgeführten) Maßnahmen erreicht werden können (Fuchs, 2020, S. 20). Laut Fuchs (Fuchs, 2020, S. 20). ist die österreichische Regelung nicht nur als Synonym zur großen Renovierung laut der Richtlinie 2010/31/EU zu sehen, sondern sind davon nicht nur

Maßnahmen an der Gebäudehülle, sondern auch an weiteren Gebäudeteilen und/oder Gebäudetechnik erfasst und das sogar in offener Zeitskala. Da es den Mitgliedstaaten freisteht auch beide von der Richtlinie vorgegebene Kriterien festzulegen wäre dieser Ansatz ebenso durch die Vorgaben der Delegierten Verordnung gedeckt. Der österreichische Weg war hier offenbar die Implementierung beider möglichen Varianten (Europäische Kommission, 2022, S. 56). Unabhängig davon, ob man mit der Renovierung einen erheblichen Beitrag zum Klimaschutz oder zur Anpassung an den Klimawandel leisten möchte, müssen wesentliche Beeinträchtigungen der anderen Klimaziele vermieden werden (siehe dazu bereits Punkt 2.3).

Als gemeinsamer Nenner zielt ein Green Lease daher in der Regel auf die Themenbereiche Vermieter*in-/Mieter*inneninteraktion (insbesondere bezogen auf den Austausch von Verbrauchsdaten), Materialverwendung im Mietgegenstand und Verwendung naturbasierter Lösungen sowie Heranziehung von grüner und blauer Infrastruktur (siehe dazu bereits Punkt 2.3) ab.

5.2 Rechtliche Rahmenbedingungen

5.2.1 Einführung

Unter dem Gesichtspunkt der EU-Taxonomie Verordnung sind daher beim Mietverhältnis für nachhaltige Mietverträge zumindest die Bereiche Energieverwendung, Materialverwendung bei Mieter*innenausbauten und -Umbauten zu regeln. Um auch sonstige zu einem Green Lease angestellte Überlegungen miteinzubeziehen, speziell auch im Sinne eines „Performance Lease", bedarf es einer gewissen sozialen Komponente in den Mietverträgen, die eine gemeinsame Zusammenarbeit zwischen

Vermieter*innen und Mieter*innen verstärkt. Letztendlich muss der positive Effekt sämtlicher Maßnahmen überprüft werden können, weshalb ebenso der Austausch von Nutzer*innendaten erforderlich ist.

Diese Themenbereiche sind mit den Bestimmungen des österreichischen Mietrechts in Einklang zu bringen, oder – falls dies nicht möglich ist – zumindest der Grund der Unmöglichkeit aufzuzeigen.

Historisch gesehen befindet sich der Kernbereich des Mietrechts unter dem Titel Bestandvertrag im 25. Hauptstück des ABGB. Vor allem dem MRG steht neben den dortigen Grundsatzvorschriften eine historisch gewachsene Sonderstellung zu. Neben diesen Bestimmungen existieren noch zahlreiche Nebengesetze, die zu einzelnen Bereichen Sondervorschriften vorsehen (Richter, 2020, S. 177). Im gegenständlichen Fall soll ausschließlich die „reine" Büroraummiete, also Räumlichkeiten, die ausschließlich zum Geschäftszweck „Büro" benutzt werden, beurteilt werden. Aus diesem Grund sind das Konsumentenschutzgesetz und damit im Zusammenhang stehende Abgrenzungsfragen bei etwaiger Mischnutzung daher für die in dieser Arbeit vorgenommene Beurteilung nicht relevant (Kronthaler, 2023, zu § 6 KSchG). Die üblichen Beschränkungen wie Sittenwidrigkeit, Geltungs- und Inhaltskontrolle bei Allgemeinen Geschäftsbedingungen sind allerdings auch für die Unternehmensmiete beachtlich. Ebenso ergeben sich aus den höchstgerichtlichen Klauselentscheidungen Einschränkungen für den unternehmerischen Bereich (Richter, 2020, S. 178).

Der Austausch von Daten könnte auch Rechtsgebiete fernab des Mietrechts tangieren. Sollten personenbezogene Daten betroffen sein, käme die Datenschutzgrundverordnung zur Anwendung (Kotschy, 2018, S.

480). Ferner müsste auch der Betriebsrat des*der Mieter*innen involviert werden, was ebenso arbeitsrechtliche Aspekte in den Vordergrund rücken lassen würde (Warter, 2021, S. 37).

5.2.2 Geschäftsraummiete (und Unternehmenspacht) (§ 1090 ABGB, § 1 MRG)

Für die Beurteilung, welche Gesetze auf das Bestandverhältnis zur Anwendung kommen, ist zunächst die Unterscheidung zwischen Geschäftsraummiete und Unternehmenspacht relevant. Unternehmenspacht liegt generell dann vor, wenn ein bestehendes Unternehmen Gegenstand des Bestandvertrages ist. Neben den bloßen Räumlichkeiten müssen allerdings dem*der Bestandnehmer*in auch die Bestandteile, die zum wesentlichen Fortbestand des Unternehmens gehören (Betriebsmittel, Kundenstock und Gewerbeberechtigung, etc.), verpachtet werden. Ein für die Unternehmenspacht charakteristisches Merkmal ist die dem*der Pächter*in obliegende Betriebspflicht (Abgrenzung Geschäftsraummiete/Unternehmenspacht, 2014, S. 308). Im Laufe der Jahre hat die Judikatur Kriterien für die Abgrenzung entwickelt. Demnach ist ausschlaggebend, ob ein lebendes Unternehmen Gegenstand des Bestandvertrages ist, (i) eine Betriebspflicht besteht, (ii) eine Rückstellungsverpflichtung vereinbart, (iii) Geschäftseinrichtung, (iv) Warenlager und (v) Kundenstock mit in Bestand gegeben, (vi) Personal übernommen, (vii) die Unternehmensidentität oder eine Gewerbeberechtigung beigestellt und (viii) ein umsatzabhängiger Mietzins vereinbart wurde (Hoppe, 2021, S. 197). Obwohl die Unterscheidung Geschäftsraummiete und Unternehmenspacht stets im Rahmen einer Einzelbeurteilung zu erfolgen hat, liegt bei den klassischen Büromieten keine dieser Kriterien vor, weswegen im Regelfall bei Büromiete von einer

Geschäftsraummiete ausgegangen werden kann (Restaurant in Kinocenter - Geschäftsraummiete, keine Unternehmenspacht, 2012, S. 26). Im Sinne des § 1 Abs 1 MRG ist daher das MRG in die weitere Beurteilung miteinzubeziehen.

5.2.3 Unterschied: Voll- und Teilanwendungsbereich MRG (§ 1 Abs 4 MRG)

Davon ausgehend, dass die unter § 1 Abs MRG genannten Ausnahmen, insbesondere die unter § 1 Abs 2 Z 5 MRG titulierte „Ein und Zwei Objektausnahme" nicht auf das Gros der Büroraummieten[10] zutrifft, kommt das MRG grundsätzlich zur Anwendung, weswegen für die weitere Beurteilung die unter § 1 Abs 4 MRG vorgenommene Unterscheidung in Voll- und Teilanwendungsbereich das MRG zu prüfen ist. Je nach Voll- und Teilanwendungsbreich können die Erhaltungspflichten des*der Vermieter*in und des*der Mieter*in zwingend gesetzlich vorgegeben sein.

Liegt zumindest einer der unter § 1 Abs 4 MRG genannten Ausnahmetatbestände vor, kommt das MRG nur hinsichtlich der Bestimmungen §§ 14 (Mietrecht im Todesfall), 16b (Kaution), 29 bis 36 (Dauer und Kündigung), 45, 46 (Anpassung des Mietzinses bei bestimmten Altmietverträgen) und 49 (Kündigungsbestimmungen bei Objekten des Bundesheeres) zur Anwendung. Alle anderen Bestimmungen (insbesondere die für den

---

[10] Das MRG kommt nicht auf Geschäftsraummieten zur Anwendung, wenn die zu betrachtende Liegenschaft lediglich aus zwei selbständig vermietbaren Objekten besteht. Dieser Fall ist allerdings seltener auf Büromieten, sondern eher im „Retail-" Bereich, also zB. bei alleinstehenden Supermärkten, Baumarktzentren, etc., vorzufinden (Artner & Pugl, 2021, S. 129).

gegenständlichen Fall relevanten §§ 3 ff. MRG (Erhaltung) und 15 f. MRG (Hauptmietzins) kommen nicht zur Anwendung.

Wurde das Gebäude ohne Zuhilfenahme öffentlicher Mittel aufgrund einer Baubewilligung errichtet, die nach dem 30.06.1953 erteilt wurde, unterliegt das Objekt nur dem Teilanwendungsbereich. Wenn die Baubewilligung für das Gebäude nach dem 08.05.1945 erteilt und Wohnungseigentum begründet wurde, trifft das ebenso zu (Artner & Pugl, 2021, S. 129). Die weiteren Ausnahmen des § 1 Abs 4 MRG (Dachbodenausbauten, Zubauten) sind für die gegenständliche Beurteilung nicht relevant.

5.2.4 Vertragsformblätter, allgemeine Geschäftsbedingungen und die gröbliche Benachteiligung und die Geltungskontrolle (§§ 864a, 879 ABGB)

Während das unter § 6 Abs 3 KSchG normierte Transparenzgebot nur für Verbraucher*innen heranzuziehen ist und damit für Geschäftsraummieten nicht zur Anwendung gelangt (Rosifka, 2022 S. 331), schreibt § 879 Abs 3 ABGB (Inhaltskontrolle) vor, dass gröblich benachteiligende Vertragsklauseln auch bei zwischen Unternehmern geschlossenen Geschäften unwirksam sind. Die Anwendung des § 879 Abs 3 ABGB setzt allerdings voraus, dass sich ein Vertragsteil vorformulierter allgemeiner Geschäftsbedingungen oder Vertragsformblätter bedient und der andere Vertragsteil daher keinen bzw. nur geringen Einfluss auf die Ausformulierung des Vertrages hat (Witt-Döring, 2020, S. 324). Ein Vertragsformblatt zeichnet sich dadurch aus, dass es vorformuliert wurde und für eine Vielzahl von Fällen zur Anwendung kommen soll, weswegen das Vertragsformblatt nicht im Einzelnen ausverhandelt wurde. Nachdem sich Vermieter*innen häufig vorgefertigter Muster bedienen, unterliegt eine große Anzahl an Mietverträgen der Inhaltskontrolle (Artner & Pugl, 2021, S. 130).

Sieht sich der*die Mieter*in mit einem Vertragsformblatt konfrontiert, kann er die Nichtigkeit einzelner Vertragsklauseln begehren. Die weitergehende Voraussetzung dafür ist, dass diese Klausel nicht die vertragliche Hauptleistung betrifft und gröblich benachteiligend ist (Witt-Döring, 2020, S. 324). Eine gröbliche Benachteiligung liegt insbesondere dann vor, wenn die Klausel ohne sachliche Rechtfertigung von der dispositiven gesetzlichen Regelung abweicht. Generell ist die Beurteilung der gröblichen Benachteiligung für jeden Einzelfall unter Abwägung der gegenseitigen Interessen vorzunehmen. Dabei ist allerdings auch die Stärke der Abweichung zu berücksichtigen sowie eine Beurteilung im Kontext des Gesamtvertrages vorzunehmen, ob die Benachteiligung nicht an anderer Stelle ausgeglichen wird (Arnter & Pugl, 2021, S. 130).

Um das Risiko der Nichtigkeit von Vertragsklauseln aufgrund der Inhaltskontrolle zu reduzieren, bestehen drei Möglichkeiten. Die relevanten Bestimmungen können einzeln ausverhandelt werden, was das Einfließen von Gestaltungs- und Formulierungswünschen des anderen Vertragspartners bedeutet. Ferner kann im Rahmen einer sachlichen Rechtfertigung nachvollziehbar dargelegt werden, warum diese Regelung vom dispositiven Recht abweicht. Letztlich könnte schlichtweg auf Abweichungen vom dispositiven Recht verzichtet bzw. diese nur geringfügig ausgestaltet und dann die Abgeltung der daraus schwächeren Vertragsposition in die Hauptleistung eingebracht werden (Witt-Dörring, 2020, S. 325).

Abschließend ist auch kurz auf die Bestimmungen zur Geltungskontrolle einzugehen. § 864a ABGB besagt, dass einzelne Klauseln von Vertragsformblättern nicht Vertragsbestandteil werden, wenn diese dem anderen Teil nachteilig sind und dieser*diese mit einer solchen Klausel nach dem äußeren Erscheinungsbild der Urkunde nicht zu rechnen braucht. Die

Bestimmung hat daher Klauseln im Fokus, die etwa unter einer falschen Überschrift stehen oder das klassische „Kleingedruckte“ betreffen (Ratka, 2021, S. 1).

5.2.5 Erhaltung und Erneuerung (§ 1096 ABGB, 3 ff. MRG)

Während das MRG (§§ 3 und iwF 4 MRG) im Vollanwendungsbereich zwingende Regelungen zur Instandhaltungspflicht vorschreibt, sind die Regeln zur Erhaltungspflicht im ABGB dispositiv (Richter, 2020, S. 181). Rechtsprechung und Lehre sehen das MRG als Spezialnorm zum ABGB, das darüberhinaus die Erhaltung vollständig und anderslautend regelt, als der im ABGB normierte § 1096 ABGB. Im Vollanwendungsbereich des MRG ist daher § 1096 ABGB inhaltlich zu reduzieren und nur hinsichtlich jener Punkte anwendbar, als dieser nicht die Erhaltung regelt (Rosifka, 2014, S. 128).

§ 1096 ABGB verpflichtet den*die Vermieter*in, das Mietobjekt während der Dauer des Mietverhältnisses in brauchbarem Zustand zu erhalten. Ausnahmen davon bestehen nur, bei vom*von der Mieter*in verschuldeten Mängeln, bei Unmöglichkeit oder Unwirtschaftlichkeit und im Rahmen von Bagatellreparaturen (Pesek, 2017, S. 302). Nichtsdestotrotz – und im Gegensatz zum § 3 MRG – lassen sich unter § 1096 ABGB nicht nur bauliche Maßnahmen subsumieren, sondern ist alles Notwendige zu tun, um den vereinbarten Gebrauch wiederherzustellen. Derartige Tätigekeiten gehen weit über bloße Reparaturmaßnahmen hinaus, weswegen im Zusammenhang mit § 1096 ABGB auch vom Erhaltungsbegriff im weitesten Sinn gesprochen wird. Darunter fällt etwa auch die Verschaffung der zum bedungenen Gebrauch notwendigen behördlichen Genehmigung(en) (Rosifka, 2014, S. 129).

§ 3 Abs 1 MRG verlangt demgegenüber, dass das Bestandobjekt im „jeweils ortsüblichen Stand“ erhalten wird. Darunter fallen ebenso zweckmäßige und wirtschaftlich gebotene Erneuerungsarbeiten zur Erhaltung. Dies gilt unabhängig davon, ob es sich bei den Arbeiten um eine erstmalige Herstellung eines mängelfreien Zustandes handelt, es zu einer vollständigen Erneuerung kommt oder Veränderungen vorgenommen werden (Hagen, 2017, S. 57). § 3 Abs 2 MRG sieht dabei insbesondere unter dem Begriff Erhaltungsmaßnahmen, die Erhaltung allgemeiner Teile des Hauses und eine Erhaltung der Mietgegenstände vor. Letzeres jedoch nur inwsoweit, wenn entweder ernste Schäden des Hauses behoben werden müssen, eine erhebliche Gesundheitsgefährdung ausgeht oder der Mietgegenstand in brauchbarem Zustand übergeben werden muss (§ 3 Abs 2 Z 1 und 2 MRG). Von dieser Pflicht sind ebenso Arbeiten mitumfasst, die zur Erhaltung von mitvermieteten Heizthermen, mitvermieteten Warmwasserboilern und sonstigen mitvermieteten Wärmeaufbereitungsgeräten, die in den Mietgegenständen des Hauses erforderlich sind (Hoyer, 2018, S. 62). Schließlich rechnet § 3 Abs 2 Z 5 MRG aber auch energetische Maßnahmen, die ihrem Wesen nach Verbesserungen darstellen, dem Erhaltungsbegriff zu (Pletzer, 2017, zu § 3 MRG). § 3 Abs 2 Z 5 MRG gilt allerdings nach Rainer (Rainer, 2023, S. 1) als „fiktive“ Erhaltungsarbeit, weil es für dessen Anwendung nicht der sonst verlangten Reparaturbedürftigkeit, Einschränkung der Funktionsfähigkeit oder Brauchbarkeit sowie Schadengeneigtheit bedarf. Im Gegensatz zu § 3 Abs 1 Z 1 MRG verlangt § 3 Abs 2 Z 5 allerdings eine Wirtschaftlichtkeitsbetrachtung, wonach die erforderlichen Kosten in einem vernünftigen Verhältnis zum allgemeinen Erhaltungsstand des Hauses und den zu erwartenden Einsparungen stehen müssen (Rainer, 2023, S. 1). Im Gegensatz zu den sonstigen unter § 3 Abs 2 genannten

Erhaltungsarbeiten müssen energiesparende Maßnahmen nach § 3 Abs 2 Z 5 MRG allerdings die Mehrheit der Mieter*innen gegenüber dem*der Vermieter*in durchsetzen (Stingl, 2015). § 3 MRG schreibt einen „dynamischen Erhaltungsbegriff" vor, was bedeutet, dass der*die Vermieter*in sich bei Ausführung seiner Erhaltungsarbeiten an die aktuellen technischen Anforderungen, wie insbesondere Wämreschutz und Energieeffiziez halten muss. Der dynamische Erhaltungsbegriff gelangt allerdings nur im Falle der Wirtschaftlichkeit der angedachten Erhaltungsmaßnahme und Mangelhaftigkeit des zu erhaltenden Objekts zur Anwendung. Unter Mangelhaftigkeit kann allerdings nicht nur eine Reparaturbedürftigkeit oder eine Einschränkung der Brauchbarkeit, bzw. Funktionsfähigkeit verstanden werden, sondern auch bereits eine Schadengeneigtheit (Mayr, 2018, S. 206). Rosifka (Rosifka, 2014, S. 129) sieht demgegenüber aufgrund der unter § 3 Abs 2 MRG verwendeten Begrifflichkeit „Arbeiten, die zur Erhaltung erforderlich sind", lediglich Reparatur- und Erneuerungsarbeiten subsumierbar, weswegen § 3 MRG nur eine Erhaltung im engeren Sinn regele.

Unter diesem Gesichtspunkt ist die Abgrenzung zwischen den unter § 4 MRG normierten nützlichen Verbesserungsmaßnahmen zu beachten (Mayr, 2018, S. 206). Die Durchführung nützlicher Verbesserungsarbeiten durch den*die Vermieter*in hängt von den rechtlichen, wirtschaftlichen und technischen Gegebenheiten und Möglichkeiten ab. Ferner müssen die Kosten entweder aus der über die letzten 10 Jahre erzielten Hauptmietzinsreserve gedeckt sein oder muss der*die Vermieter*in mit der Mehrheit der Mieter*innen eine schriftliche Einigung über die Kosten getroffen haben (§ 4 Abs 3 MRG). Während daher Maßnahmen unter § 3 MRG bereits bei Vorliegen einer Reparaturbedürftigkeit durchzuführen sind, hat der*die Vermieter*in nützliche Verbesserungen nach § 4 MRG nur vorzunehmen, wenn die Kosten aus den Mietzinsreserven oder Zuschüssen gedeckt werden können (siehe bereits Prader, 2009, S. 16). Ebenso wie bei energiesparenden Maßnahmen, können Verbesserungen nach § 4 MRG nur von der Mehrheit der Mieter*innen durchgesetzt werden (Stingl, 2015).

Gemäß § 8 MRG ist demgegenüber der*die Mieter*in dazu angehalten, den Mietgegenstand und die für den Mietgegenstand bestimmten Einrichtungen und sanitären Anlagen so zu warten und Instand zu setzen, dass dem*der Vermieter*in und den anderen Mieter*innen des Hauses kein Nachteil erwächst. Diese gemäß § 8 MRG den*die Mieter*in treffende Wartungs- und Instandhaltungspflichten stehem allerdings unter der Einschränkung einer damit in Verbindung stehenden Nachteilsabwehr (Pesek, 2017, S. 306). Die Wartungspflicht soll eine Abnutzung von Geräten und Anlagen vermeiden bzw. zumindest verzögern und damit den gebrauchsfähigen Zustand aufrechterhalten. Gebrauchsfähig ist die Anlage bzw. das Gerät dann, wenn (noch) keine Einschränkung seiner Funktionsfähigkeit vorliegt. Die Instandhaltungspflicht des*der Mieters*Mieterin steht daher im direkten Gegensatz zur Erhaltungspflicht des*der Vermieter*in. Eine klare Abgrenzung gibt es dazu allerdings nicht, wobei sich Lehre und Rechtsprechung jedenfalls darin einig sind, dass der*die Mieter*in im Rahmen seiner*ihrer Instandhaltungspflicht nicht zum Ersatz schadhafter Geräte verpflichtet ist. Generell muss der*die Mieter*in Maßnahmen zur Verhinderung allfälliger Schäden an sonstigen Rechtsgütern des*der Vermieters*Vermieterin oder der übrigen Mieter*innen setzen. Dabei sollen jedenfalls Folgeschäden zB. durch Herabfallen, Wasseraustritte, etc. vermieden werden. (vgl. Rosifka, 2022, S. 52).

5.2.6 Betriebskosten

Im Vollanwendungsbereich des MRG können nur die unter § 21 MRG abschließend genannten Betriebskosten überwälzt werden. Eine extensive Gesetzesauslegung dieser Bestimmung zulasten des*der Mieters*Mieterin ist ausgeschlossen (Kathrein, 2022, S. 248), wobei generell nur wiederkehrende Ausgaben („laufende Kosten des Betriebes") als Betriebskosten verrechenbar sind (Pfiel, 2018, S. 56). Dabei handelt es sich generell um die Kosten für die Wasserversorgung, Kosten der Wartung, Eichung und Ablesung von Verbrauchsmessgeräten, Energiekosten für allgemeine Teile, Versicherungs-, Verwaltungs- und Hausbetreuungskosten sowie die Kosten für öffentliche Abgaben (Artner & Pugl, 2021, S. 132).

§ 1099 ABGB sieht vor, dass der*die Vermieter*in alle Lasten und Abgaben trägt. Unter Lasten werden generell die Betriebskosten und unter Abgaben, die die Liegenschaft betreffenden Steuern (z.B. Grundsteuer) verstanden. § 1099 ABGB ist jedoch nachgiebiges Recht, weswegen sich eine etwaige mieter*innenseitige Verpflichtung zur Übernahme von Betriebskosten nach der vertraglichen Vereinbarung zwischen Mieter*in und Vermieter*in richtet. Generell gilt, dass bei einem B2B Mietvertrag außerhalb des MRG-Vollanwendungsbereiches die Überwälzung von MRG genannten Betriebskosten nicht gröblich benachteiligend ist (Rosifka, 2022, S. 189 f.). Wird allerdings eine derartige Regelung unterlassen oder erweist sich als unwirksam, können dem*der Mieter*in neben dem Hauptmietzins keine weiteren Kosten verrechnet werden. Werden letztendlich die vom*von der Mieter*in zu tragenden Kosten nicht ausdrücklich bestimmt, sind in der Regel die unter § 21 MRG genannten Betriebskosten gemeint (Kothbauer, 2022, S. 298). Die ständige Rechtsprechung lässt etwa bei der Auslegung des Begriffes der Betriebskosten keine

Erklärungssitte erkennen, weshalb der Begriff im Sinne des § 21 MRG auszulegen ist. Zu einem ähnlichen Ergebnis kommen, Vonkilch und diesem folgend Lovrek, die bei großen Teilen der maßgeblichen Verkehrskreise eine Erklärungssitte erkennen, sodass Betriebskosten im Sinne des § 21 MRG zu verstehen sind (Rosifka, 2022, S. 331). Rosifka (Rosifka, 2022, S. 331) vermeint hingegen, dass das Verständnis in der Praxis höchst unterschiedlich ausgestaltet sein kann, was gegen eine Erklärungssitte spreche. Er sieht im Sinne der allgemeinen Verkehrsauffassung nur die typischen durch den Gebrauch der Mietsache und der allgemeinen Teile verursachten Aufwendungen als Betriebskosten. Kosten, die der*die Mieter*in nicht durch sein*ihr Gebrauchsverhalten beeinflussen kann, sind seiner Ansicht nach nicht mitumfasst (Rosifka, 2022, S. 331). Anders verhält es sich mit Gemeinschaftsanlagen, die allen Mieter*innen zur Verfügung stehen. Für den Betrieb derartiger Anlagen haben die Mieter*innen aufzukommen (§ 24 MRG)

Außerhalb des Vollanwendungsbereiches des MRG kommt dem*der Vermieter*in eine deutlich weitere Gestaltungsfreiheit zu. Zu beachten gilt aber, dass die Regelungen über Betriebskosten oft nur eine vertragliche Nebenleistung betreffen, weswegen diese in Formularmietverträgen oft als gröblich benachteiligend angesehen wird. Dies trifft insbesondere bei einer Überwälzung von (kostenmäßig) unbestimmten Erhaltungsarbeiten zu. Letztlich hat der*die Vermieter*in bei den Betriebskosten auch von einer sparsamen Wirtschaftsführung auszugehen und sind generell nur wirtschaftlich sinnvolle und ortsübliche Kosten überwälzbar (Artner & Pugl, 2021, S. 132). Rosifka (Rosifka, 2022, S. 334) sieht ferner sogar aufgrund der verdünnten Willensfreiheit außerhalb des Vollanwendungsbereiches nur solche Betriebskosten verrechenbar, welche mit dem Gebrauch des Gebäudes und seiner Anlagen verbunden sind, sofern diese mit dem

Verbrauch seiner Nutzer*innen in Zusammenhang stehen und zur Zeit des Vertragsabschlusses eine nicht bestimmbare Größe darstellten. Aufwendungen für Grundsteuer, Versicherungsprämien und Hausverwaltung wären – seiner Ansicht folgend – davon nicht mitumfasst.

5.2.7 Umgang mit Daten in Mietverhältnissen

Jede natürliche oder juristische Person, die personenbezogene Daten verarbeitetet, ist verpflichtet, die Datenschutzgrundverordnung (DSGVO) einzuhalten. Personenbezogene Daten sind sämtliche Informationen, die einer identifizierten oder auch identifizierbaren natürlichen Person zugeordnet sind. Eine natürliche Person kann aufgrund dieser Daten identifiziert werden, wenn sie anhand einer Kennung, von Standortdaten, einer Online-Kennung oder mehrerer besonderer Merkmale, die Ausdruck der physischen, physiologischen, genetischen, psychischen, wirtschaftlichen, kulturellen oder sozialen Identität dieser natürlichen Person sind, identifiziert werden kann (Dörfler, 2018, S. 40).

Die DSGVO gilt insbesondere für die ganz oder teilweise automatisierte Verarbeitung personenbezogener Daten sowie für die nicht automatisierte Verarbeitung personenbezogener Daten, die in einem Datensystem oder Dateisystem gespeichert sind. Ein Dateisystem ist jede strukturierte Sammlung personenbezogener Daten, die nach bestimmten Kriterien zugänglich sind, unabhängig davon, ob diese zentral, dezentral, funktional oder nach geographischen Gesichtspunkten (z.B. Objektbezeichnungen, Türnummer) gesondert verwaltet werden (Art 2 DSGVO). Unter Dateisystem wird jede strukturierte Sammlung personenbezogener Daten verstanden, die nach bestimmten Kriterien zugänglich sind und unabhängig davon wie oder nach welchen Gesichtspunkten (z.B. Türnummer, etc.) diese Daten verwaltet werden. Nachdem diese Daten grundsätzlich von der

Hausverwaltung gespeichert werden, gilt die Hausverwaltung auch als Verantwortliche iSd DSGVO (Lindinger, 2022, S. 210).

Werden personenbezogene Daten allerdings iwF für eigene Zwecke (also die eigene Datenverarbeitung) verwendet, stellt dies eine Weiterverarbeitung iSd DSGVO dar. Eine derartige Verarbeitung unterliegt daher ergänzenden strengeren Regelungen (Strassemeyer, 2022, S. 57), etwa besonderen Auflagen für die Datenspeicherung (Geuer & Wollmann, 2020, S. 18).

6 How to: Green Lease

6.1 How to: Green Lease in Österreich

Um die Forschungsfragen beantworten zu können, ist letztlich relevant, welche gesetzlichen Regelungen auf das Mietverhältnis anzuwenden sind (siehe bereits 5.2.2 und 5.2.3). Je nach Ausgestaltung des Mietvertrages bzw. Errichtungszeitpunkt des Mietgegenstandes wird in der Regel das MRG im Teil- oder Vollanwendungsbereich auch auf Green Lease Verträge zur Anwendung gelangen.

Unter Berücksichtigung der Erkenntnisse aus den allgemeinen Ausführungen ergeben sich aus Sicht des Verfassers zur Beurteilung der Forschungsfrage folgende zwei ergänzende Rechtsfragen, die - unter Beachtung der unterschiedlichen gesetzlichen Vorgaben (insbesondere des Vollanwendungsbereiches des MRG) - einer weiteren Beantwortung zuzuführen sind:

Wie sind die einzelnen Themenbereiche eines Green Lease rechtlich zu qualifizieren?

Welche Vereinbarungen können neben den gesetzlich bestehenden Regelungen getroffen werden?

Während die erste Frage auf eine Festlegung der Rahmenbedingungen abzielt ist die zweite Frage insbesondere für den*die Mieter*in nachteilige Bestimmungen zu untersuchen.

6.1.1 Rechtliche Qualifizierung nachhaltiger Aspekte im Rahmen der Vermietung

Wie bereits unter Punkt 5.1 dargelegt sind die rechtlichen Hauptthemen eines Green Lease der Austausch von Verbrauchsdaten, die Materialverwendung im Mietgegenstand und die Heranziehung von grüner und blauer Infrastruktur. Dabei ist, wie in der Nebenforschungsfrage bereits angeführt, zu klären, ob zu diesen Themen überhaupt Vereinbarungen rechtlich wirksam getroffen werden können, und wer in einem solchen Fall dafür wirtschaftlich aufkommen muss.

6.1.1.1 Austausch von Verbrauchsdaten

Im Rahmen des Green Lease sollen sich die Parteien möglichst konkrete und insbesondere auch messbare Ziele setzen, um einen nachhaltigen Umgang mit dem Gebäude zu gewährleisten. Für die Umsetzung wesentlich ist die Erfassung und der Austausch von Messdaten, weswegen typischerweise wechselseitige Informations- und Auskunftspflichten („Reporting-Vereinbarungen") vereinbart werden (Pressler, 2022, S. 154 f.). Gerade zur Optimierung der Betriebskosten ist ebenso die Vereinbarung eines Energie-Monitorings von essentieller Bedeutung (Artner & Pugl, 2021, S. 132). Um dies zu ermöglichen, bedarf es daher des Austausches von Verbrauchsdaten des Gebäudes, des Mietgegenstandes und der (Mieter*innen-)Unternehmen.

Wesentliche Rechtsbestimmung für den generellen Umgang mit Daten ist zweifelsohne die DSGVO. Solange aufgrund der ausgetauschten Daten kein Personenbezug zu einzelnen Mitarbeiter*innen etc. hergestellt werden kann, kommt diese jedoch nicht zur Anwendung (etwa LG Berlin 26 O 177/21). Für diese Ausnahme kommen daher grundsätzlich zwei unterschiedliche Ausgangsdatensätze in Frage: Einerseits Daten, die bereits bei ihrer Erhebung keinen Personenbezug aufweisen (Sachdaten) und andererseits Daten, die derart stark anonymisiert wurden, sodass kein Personenbezug mehr hergestellt werden kann (Conrad & Folkerts, 2023, S. 89). Es gilt daher festzustellen, was eine Information über eine Person ist und wann die in Rede stehende Person identifizierbar ist. Ersteres lässt sich feststellen, wenn eine Information nach ihrem Inhalt, ihrem Zweck oder ihrer Auswirkung mit einer bestimmten Person verknüpft ist (Böszörmenyi, 2023, S. 628). Nicht ausreichend ist, dass sich Daten auf eine beliebige Person beziehen, sondern muss die spezielle Person, auf welche sich die Daten beziehen, auch identifiziert bzw. identifizierbar sein (Seidel, 2023, S. 213). Im Sinne der DSGVO gilt eine Person jedenfalls nicht als identifizierbar bzw. identifiziert, wenn diese Identifizierung durch eine andere Person mit den vorliegenden Daten (und mit ergänzendem Zusatzwissen, das der*die Datenverarbeiter*in nicht hat) durchgeführt werden könnte, sondern nur dann, wenn der*die Datenverarbeiter*in diese Identifikation (allerdings auch unter Zuhilfenahme von rechtmäßig erlangten Zusatzwissen) vornehmen kann (Conrad & Folkerts, 2023, S. 90).

Allein durch die Übermittlung von Messdaten an den*die Vermieter*in kann daher kein personenbezogener Datensatz vorliegen, weil die übermittelten Daten (wie Strombezug, Abfall, etc.) in der Regel keinen bzw. wenn doch – zumindest bei Büros mit mehr als einem*einer Mitarbeiter*in - einen nicht verknüpfbaren Personenbezug aufweisen. Diese Annahme steht natürlich unter der Prämisse, dass dem*der Vermieter*in essenzielles Zusatzwissen zur Identifizierung (Mitabeiter*innenliste, Belegungsplanung, Mitarbeiter*innenanzahl, Geschlechterverhältnis, etc.) fehlt bzw. ihm*ihr selbst bei Vorliegen einiger dieser Informationen die Möglichkeit fehlt, die Daten mit einer bestimmten Person zu verknüpfen (so reicht etwa die Identifikation einer Person durch bloßes Aussondern nicht aus, um eine betroffene Person im Sinne der DSGVO zu identifizieren; Böszörmenyi, 2023, S. 628). Für eine Verpflichtung zur Übermittlung von Verbrauchsdaten kommt die DSGVO daher generell nicht zur Anwendung. Mangels Abweichung von (fehlenden) Bestimmungen zum dispositiven Recht besteht in einer solchen Regelung auch nicht die Gefahr einer gröblichen Benachteiligung, sodass auch keine Nichtigkeit der Bestimmung in Folge des § 879 Abs 3 ABGB zu befürchten ist (siehe dazu 5.2.4).

6.1.1.2 Materialverwendung im Mietgegenstand und Implementierung naturbasierter Lösungen sowie Heranziehen grüner und blauer Infrastruktur

Neben der Erzielung eines bestimmten Schwellenwerts beim Primärenergiebedarf (bei der Tätigkeit Neubau) bzw. dessen Reduktion (bei der Tätigkeit Renovierung) verlangt die EU- Taxonomie Verordnung den Einsatz naturbasierter Lösungen zur Reduktion für das Gebäude relevanter Klimarisiken. Derartige naturbasierte Lösungen können etwa die Begrünung von Dächern sein, oder aber auch die Wiederverwendung von Regenwasser (siehe 2.4.1). Erfüllt der Mietgegenstand diese Voraussetzungen (noch) nicht, können diese Lösungen zweifelsohne durch technische Anpassungen (Fassadensanierung, Dachbegrünung, etc.) verwirklicht werden. Bezogen auf das Verhältnis zwischen Mieter*innen und Vermieter*innen fällt die Umsetzung derartiger technischer Lösungen[11] unter die Themenblöcke der Erhaltungs- und

---

[11] Anm. um eine Verwechslungefahr zu allgemeinen Ausführungen vermeiden, wird hier in diesem Zusammenhang bewusst der Begriff

Erneuerungspflichten einzuordnen. Zur Beantwortung der Nebenforschungsfrage ist daher zu klären, ob der*die Vermieter*in das Recht hat bzw ihn*sie die Verpflichtung trifft, derartige technische Lösungen zu implementieren, ob der*die Mieter*in selbst solche technische Lösungen umsetzen kann und wer von den beiden Vorgenannten letztlich etwaige damit in Zusammenhang stehende Kosten trägt.

Als Grundregel kann dazu eingangs festgestellt werden, dass, solange der Mietgegenstand bzw. dessen Anlagen funktionstüchtig ist bzw. sind und keine Mängel aufweist bzw. aufweisen, der*die Vermieter*in grundsätzlich nicht zur Verbesserung und Modernisierung des Mietgegenstandes oder der Anlagen verpflichtet ist. Lediglich der im Vollanwendungsbereich des MRG festgeschriebene dynamische Erhaltungsbegriff fordert vom*von der Vermieter*in, sich bei der Durchführung von Erhaltungsarbeiten am ortsüblichen Stand zu orientieren. Anpassungen verlangen allerdings stets die Wirtschaftlichkeit der umzusetzenden Maßnahme. Aus diesem Grund sehen etwa Artner und Pugl keinen Zwang zu einer permanenten Modernisierung (Artner & Pugl, 2020, S. 136). Auch die Rechtsprechung sieht keine Verpflichtung des*der Vermieters*Vermieterin zu einer permanenten Modernisierung, sondern verlangt als vorhergehende Voraussetzung für das Bestehen einer Erhaltungsabeit, dass eine Reparaturbedürftigkeit, Einschränkung der Funktionsfähigkeit oder zumindest Schadengeneigtheit bestanden hatte (OGH 5 Ob 149/19a).

Anpassung vermieden, generell würden derartige Änderungen am Mietgegenstand aber landläufig unter dem Begriff Anpassungen fallen

Gleichwohl kann der*die Mieter*in – sofern der Mietgegenstand dem Vollanwendungsbereich des MRG unterliegt – unter gewissen Umständen, den*die Vermieter*in zur Durchführung von energiesenkenden Maßnahmen verpflichten. Dies trifft – mit der Einschränkung, dass eine Durchsetzung nur durch die Mehrheit der Mieter*innen begeht werden kann (Stingl, 2015) - gemäß § 3 Abs 2 Z 5 MRG etwa auf die Installation allgemeiner technischen Anlagen zu, die zur Senkung des Energieverbrauches führen oder umfasst auch andere Umbauten (Anm. hier wurde bewusst der Begriff „Verbesserung" vermieden), die eine Senkung des Energieverbrauches bewirken (Artner & Pugl, 2021, S. 137). Generell sind darunter alle energetischen Maßnahmen zu verstehen, die Energie senken. Darunter kann etwa nach Ansicht der Lehre eine Zeitschaltung für die Gangbeleuchtung ebenso verstanden werden, wie der Austausch von Leuchtmittel auf LED- Lampen oder auch Dachboden- und Kellerdämmungen oder gar der Fenstertausch (Ecker, 2020, S. 98). Während die Lehre unter dem Vorgenannten sämtliche Maßnahmen subsumieren möchte, die zur Energieeinsparung führen, verlangt die Rechtssprechung nur das gesamte Haus betreffende Maßnahmen (dazu bereits OGH 5 Ob 81/94). Neben diesem Meinungsstreit ist darüberhinaus die Subsumtion bestimmter Modernisierungsmaßnahmen (zB. Anbringung von Photovoltaik) generell strittig (Kajaba, 2013, S. 216). Ecker (Ecker, 2020, S. 98) erblickt in diesem Zusammenhang eine Lücke, weil die nachhaltige Energiegewinnung im Wohnungssektor erst nach dem Verfassen des MRG 1981 massentauglich wurde. Demnach muss sich die Energieeinsparung verstärkt auf die Einsparung von fossilen Brennstoffen beziehen, weswegen sich auch die Anbringung von Wärmepumpen und Photovoltaik als energieerzeugende (und fossile Energie reduzierende) Einrichtungen in Analogie zu § 3 Abs 2 Z 5 MRG als

Erhaltungsmaßnahmen subsubmieren ließe (Ecker, 2020, S. 98, zustimmend Ponholzer, 2023, S. 159). Diesen Ausführungen widerspricht die herrschende Meinung, welche unter den nach § 3 Abs 2 Z 5 MRG genannten Maßnahmen tatsächlich nur Maßnahmen subsumiert sehen möchte, die auch tatsächlich den Energieverbrauch verringern. Zutreffenderweise werden dieser herrschenden Meinung nach derartige Maßnahmen unter Verbesserungarbeiten nach § 4 MRG subsumiert (Mayr, 2018, S. 206). Dem ist wohl zuzustimmen, weil nicht zuletzt etwa auch der – aus nachhaltigen Aspekten politisch gewünschte - Anschluss an das Fernwärmenetz unter den Verbesserungsmaßnahmen gelistet wird, was ebenso nicht zu einer Einsparung, sondern „Änderung“ der Art der bezogenen Energie führt (§ 4 Abs 2 Z 3a MRG). Sowohl der österreichische Gesetzgeber als auch bei der EU-Taxonomie Verordnung die EU (Europäische Kommission, 2022, S. 56, Frage 130) stellen beim Begriff Energieeinsparung darauf ab, dass es zu einer tatsächlichen Einsparung von Energie kommt; wie die eingesparte Energie zuvor erzeugt wurde (also auf ökologisch nachhaltige Weise oder nicht) ist nicht ausschlaggebend.

Aufgrund des im Vollanwendungsbereich des MRG normierten dynamischen Erhaltungsbegriffes kann sich allerdings die stetige technische Weiterentwicklung auch auf die Erhaltungsarbeiten des § 3 Abs 2 Z 1 MRG „auswirken“. Sind etwa wärmedämmende Maßnahmen erforderlich, weil eine „bloße“ Reparatur des Hauses nicht mehr möglich oder wirtschaftlich zumutbar ist und würde die damit einhergehende Anhebung letztlich dem ortsüblichen und technischen Stand entsprechen, kann darin eine Erhaltungsarbeit nach § 3 Abs 2 Z 1 MRG erblickt werden. Das bedeutet, dass für derartige Arbeiten die oben erwähnte Wirtschaftlichkeitsschwelle gemäß § 3 Abs 2 Z 5 MRG wegfallen würde.

Die Anbringung eines Vollwärmeschutzes könnte daher auch bereits unter § 3 Abs 2 Z 1 MRG subsumiert werden, wenn die Neuherstellung einer Anpassung der Entwicklung der Bautechnik und einer zeitgemäßen Wohnkultur dient und die Kosten einer bloßen Reparatur wirschaftlich vertretbar sind (Rainer, 2023, S. 1). Allerdings bedarf es dazu ferner noch der Mangelhaftigkeit des Bauteils selbst (Mayr, 2018, S. 207). Obwohl die zuvor von Rainer (Rainer, 2023, S 1) behandelte OGH- Entscheidung 5 Ob 145/22t nur der Klärung dienen sollte, ob der*die Mieter*in die Anbringung eines Vollwärmeschutzes gemäß § 8 MRG dulden muss, lässt sich aus Sicht des Verfassers daraus eine „sanfte" Verbesserungsverpflichtung des*der Vermieter*in erkennen, wenn die Maßnahmen zur Energieeinsparung nicht unverhältnismäßig teurer sind (OGH 5 Ob 145/22t).

Zusammenfassend stellen ökologisch nachhaltige Anpassungen generell eine Verbesserung des Objekts dar, die unter Umständen – außerhalb des Vollanwendungsbereiches des MRG und bei entsprechender vertraglicher Regelung - auch einen erhöhten Mietzins zur Folge haben können. Nachdem eine Vereinbarung über den Mietzins eine Hauptleistungspflicht des Vertrages darstellt, unterliegt diese jedenfalls nicht der unter § 879 Abs 3 ABGB normierten Inhaltskontrolle (Kolmasch, 2021, S. 316). Klargestellt muss hier werden, dass sich im Vollanwendungsbereich des MRG die Ausstattungskategorie ausschließlich nach dem Zustand der Wohnung im Zeitpunkt des Mietvertragsabschlusses richtet (RS0069894). Im Gegensatz zum BGB (§ 559 BGB) ist dem österreichischen Mietrecht eine Regelung zur Anhebung der Miete aufgrund von durchgeführten

Verbesserungsmaßnahmen fremd[12], weswegen der*die Vermieter*in generell keine (gesetzliche) Möglichkeit hat, den Mietzins nachträglich anzuheben. Weder im Teil- noch im Vollanwendungsbereich besteht daher in diesem Fall die Möglichkeit des*der Vermieters*Vermieterin nachträglich den Mietzins anzuheben (Weixelbraun - Mohr, 2020, S. 454). Neuvermietungen von nachhaltigen Gebäuden können allerdings - außerhalb des Vollanwendungsbereiches des MRG – eine um bis zu 13 % höhere Miete erzielen (Bierhalter, 2022).

In einem umgekehrten Fall führt aber auch eine vom*von der Mieter*n vorgenommene Verbesserung nicht zu einer Mietzinsanhebung, was allerdings in weiterer Folge bedeutet, dass diese für die Verbesserung erbrachten Leistungen nicht als mitvermietet anzusehen sind, was den*die Vermieter*in wiederum von etwaigen Erhaltungspflichten dahingehend befreit (Prader, 2017, S. 243).

Gesetzlich besteht daher keine generelle Verpflichtung zur Umsetzung von ökologisch nachhaltigen Maßnahmen. Bei Verbesserungsmaßnahmen hat der*die Vermieter*in auch stets für die gesamten Kosten derartiger Maßnahmen aufzukommen.

---

[12] Eine mögliche vorläufige Anhebung des Mietzinses aufgrund von § 18 MRG beschränkt sich explizit auf größere Erhaltungsarbeiten (1. Satz § 18 Abs 1 MRG).

6.1.1.3 Übernahme von (nachhaltigen) Mehrkosten bei Betrieb und Erhaltung

Neben der Möglichkeit, ökologisch nachhaltige Verbesserungen am Mietgegenstand vorzunehmen, stellt sich in diesem Zusammenhang auch die Frage bezüglich der Tragung im Zusammenhang mit diesen Maßnahmen entstehenden laufenden Kosten sowie der sich daraus ergebenden Erhaltungsverpflichtungen (z.B. ist vorstellbar, dass ein begrüntes Dach/ Fassade mehr Pflege voraussetzt als ein konventionelles Dach).

Im Vollanwendungsbereich des MRG können auf den*die Mieter*in nur die in § 21 ff. MRG taxativ aufgezählten Betriebskosten überwälzt werden (5.2.6). Der*die Vermieter*in ist keinesfalls berechtigt, dem*der Mieter*in im Rahmen der Bewirtschaftung des Objekts angefallene Kosten zu verrechnen, die bei vernünftiger Wirtschaftsführung üblicherweise nicht aufgewendet werden (Kathrein, 2022, S. 249). Unstrittig ist in diesem Zusammenhang, dass das heutige Wirtschaften die natürlichen Lebensgrundlagen zerstört und den Wohlstand zukünftiger Generationen untergräbt. Das deutsche Umweltbundesamt schätzt etwa, dass sich im Jahr 2050 die Folgekosten durch den Klimawandel bereits auf ein Viertel des Bruttoinlandproduktes in Deutschland belaufen werden (vgl Umwelbundesamt, 2023). Bünger und Matthey (Bünger & Matthey, 2020, S. 19) haben etwa ermittelt, dass die Umweltkosten bei der Stromerzeugung mittels Braunkohle 75 Mal höher sind als bei der Gewinnung durch Wasserkraft. Dementsprechend wäre der ökologisch bereinigte Strompreis von durch Braunkohle erzeugtem Strom pro Kilowattstunde um etwa 73 Cent zu erhöhen, um Preistransparenz bzw. Kostenwahrheit zu erzielen. Obwohl daher umweltschädigende Maßnahmen hohe gesellschaftliche Kosten verursachen, werden diese nur unzureichend internalisiert, sodass der vom*von der

Verbraucher*Verbraucherin zu zahlende Endpreis nicht die ökologische Wahrheit entspricht (Umwelbundesamt, 2023). Eine dafür notwendige Ökologisierung des österreichischen Mietrechts fehlt dazu ebenso (Mayr, 2018, S. 208). Obwohl daher die Bestrebungen eines nachhaltigen Wirtschaftens zunehmen (International Chamber of Commerce, 2012), nehmen Themen der ökologischen Nachhaltigkeit im Mietrecht noch keinen derart wichtigen Stellenwert ein. Im Vollanwendungsbereich des MRG wird daher eine „teurere", aber „ökologisch nachhaltigere" Alternative kaum umsetzbar sein.

Unter dem Aspekt, dass allerdings – außerhalb des Vollanwendungsbereiches des MRG – eine Überwälzung von Betriebskosten grundsätzlich möglich ist, ist das Setzen von Akzenten zumindest im Teilanwendungsbereich des MRG denkbar (siehe bereits 5.2.7). Generell kann außerhalb des Vollanwendungsbereiches des MRG der*die Vermieter*in weitaus freier festlegen, welche Maßnahmen durch den*die Mieter*in zu tragen sind. Ungeachtet des vorgegebenen gesetzlichen Leitbildes im Wohnrecht erkennt die Rechtsprechung an, dass dem*der Geschäftsraummieter*in hier etwa auch die Erhaltung der Therme aufgebürdet werden kann, sofern sich die Erhaltungspflicht auf das Innere des Mietgegenstandes beschränkt und sämtliche ernste Schäden des Hauses davon nicht umfasst sind (ablehnend Rosifka, 2022, S. 214). Generell bleibt offen, ob eine nachhaltige Wirtschaftsführung etwa als sachliche Rechtfertigung für eine Kostenmehrbelastung des*der Mieters*Mieterin herangezogen werden kann. Begrünte Fassaden und Hausdächer umfassen jedenfalls die Außenhaut des Hauses, sodass eine derartige Kostenüberwälzung wohl auch im Teilanwendungsbereich als kritisch zu sehen ist, zumal außerhalb des Vollanwendungsbereiches des MRG die Trennung der Erhaltungspflichten generell anhand des - gesetzlich nicht definierten – Begriffes

Dach und Fach vorgenommen wird (Richter, 2021, S. 181). Besteht allerdings die Möglichkeit des*der Mieters*Mieterin das begrünte Dach als Grünanlage zu nutzen, ist die Überwälzung der Kosten für die laufende Betreuung – nicht die Erhaltung! - einer begrünten Anlage auch im Vollanwendungsbereich des MRG jedenfalls möglich (§ 24 Abs 2 MRG).

Obwohl aktuell eine ökologisch nachhaltige Betriebsführung nicht zwangsweise mit dem Gebot der Wirtschaftlichkeit in Einklang gebracht werden kann, deuten die Zeichen auf einen generellen Wandel des Wirtschaftslebens. Der nächste „Meilenstein“ der einen derartigen Paradigmenwechsel vollziehen kann, wird durch die Corporate Sustainability Due Diligence Directive (CSDDD) erwartet. Dort findet sich eine Sorgfaltspflicht der Mitglieder*innen der Unternehmensleitung, die im Rahmen ihrer Pflichtenerfüllung auch die kurz-, mittel- und langfristigen Auswirkungen auf Nachhaltigkeitsfragen, daher ebenso die Folgen für den Klimawandel und die Umwelt, zukünftig berücksichtigen werden müssen (Reheis & Schopper, 2022, S. 534). Derartige Änderungen werden natürlich Auswirkungen auf die Vorstellung einer vernünftigen Wirtschaftsführung haben. Generell bleibt aber abzuwarten, wie der weitere Gesetzgebungsprozess der CSDDD voranschreitet, und welche Initiativen der österreichische Gesetzgeber verabschiedet (Reheis & Schopper, 2022, S. 536).

6.1.1.4 Nachhaltige Aspekte bei den Verbrauchskosten

Neben den Betriebskosten ist ebenso die Verwendung von nachhaltiger Energie ein wesentlicher Aspekt einer ökologisch nachhaltigen Vermietung (siehe bereits 2.3).

Eindeutig ist, dass klassischerweise der*die Vermieter*in nicht die Stromversorgung des Mietgegenstandes übernimmt, sondern es sich hierbei um eine reine Mieter*innenangelegenheit handelt. Im Vollanwendungsbereich des MRG könnten etwa die Betriebskosten einer von dem*der Vermieter*in errichteten Photovoltaikanlage auf die Mieter*innen überwälzt werden, sofern alle Mieter*innen die Anlage auch benutzen können. Eine Verpflichtung des*der Vermieters*Vermieterin zum Betrieb der Photovoltaikanlage als Gemeinschaftsanlage im mietrechtlichen Sinn besteht allerdings nicht, sondern wäre auch der Abschluss von Sondernutzungsverträgen denkbar (Stöhr, 2023, S. 163). Die Brisanz derartiger Eingriffe hat die Gesetzgebung offenbar veranlasst, für Endverbraucher*innen im Elektrizitätswirtschafts- und -organisationsgesetz (ElWOG) klarzustellen, dass bei gemeinschaftlichen Erzeugungsanlagen eine Einschränkung der Auswahl von Energielieferant*innen unzulässig ist (Berger, 2022, S. 144). Der Begriff Endverbraucher*in knüpft an dem tatsächlichen Eigenverbrauch von Energie an, weshalb etwa der*die Liegenschaftseigentümer*in für jene Bereiche, die er*sie selbst mit Strom versorgt, als Endverbraucher*in anzusehen ist, bei „Weitergabe" der Energie an seine*ihre Mieter*innen für deren Mietbereiche jedoch nicht (Pedell Wissenschaftsverlag, 2022, S 128). Die Errichtung einer nachhaltigen Energiequelle, die die Mieter*innen zwingend auch nutzen müssen, ist daher gesetzlich ausgeschlossen (Stöhr, 2023, S 161).

Obwohl ohne Vorliegen einer Erzeugungsanlage die Beschränkung des ElWOG nicht zur Anwendung gelangt, könnte es sich bei derartigen Verpflichtungen zum Strombezug um Nebenvereinbarungen handeln, die – zumindest bei Verwendung von Vertragsformblättern – sachlich rechtfertigbar sein müssten. Der Bezug von Strom fällt jedenfalls nicht unter den in § 21 MRG normierten Betriebskostenbegriff, weswegen die Verpflichtung zum Strombezug möglicherweise sogar eine Hauptleistungspflicht des Mietvertrages sein kann. Bereits im Jahr 1998 hat der OGH dazu festgestellt, dass - wenn der*die Vermieter*in dem*der Mieter*in über einen gemeinsamen Stromzähler elektrische Energie zur Verfügung stellt - diese Leistung als Nebenleistung zur Mietzinszahlung (OGH 3 Ob 367/97k) und damit als Teil der Hauptleistung anzusehen ist, was das Vorliegen einer Nebenleistung iSd § 879 Abs 3 ABGB ausschließen würde. Generell ist aber die Festlegung der gegenseitigen Hauptleistungspflichten möglichst eng zu verstehen und muss auf die individuelle, zahlenmäßige Umschreibung der beiderseitigen Leistungen beschränkt bleiben (Prader, 2021, S. 324). Die bloße Vorschreibung, dass der*die Mieter*in nachhaltige Energiequellen beziehen muss, ist daher wohl als Nebenleistungspflicht im Sinne der Inhaltskontrolle des § 879 Abs 3 ABGB zu verstehen. Artner & Pugl (Arnter & Pugl, 2021, S. 132) sehen in diesem Zusammenhang die thematisch passende aber auch als Nebenleistungspflicht anzusehende Überwälzung der Kosten eines vom*von der Vermieter*in beauftragten Energie-Monitorings außerhalb des Vollanwendungsbereiches des MRG als durchsetzbar an. Das Vorliegen der iSd § 879 Abs 3 ABGB notwendigen sachlichen Rechtfertigung beurteilen sie anhand des Gesamtvertrages, wobei sie die sachliche Rechtfertigung an die Vorteile des*der Mieters*Mieterin im Mietvertrag generell knüpfen (Arnter & Pugl, 2021, S. 132).

In diesem Zusammenhang lohnt sich auch ein Blick ins Vergaberecht. Obwohl sich eine nachhaltige Beschaffung nicht ausdrücklich in den Begriffsdefinitionen des Bundesvergabegesetztes 2018 wiederfindet, wird dort generell der Vorrang des Grundsatzes einer nachhaltigen Beschaffung gegenüber dem Grundsatz einer ökonomischen Beschaffung anerkannt. So wurde etwa die Vorgabe von Öko-Stromanforderungen als grundsätzlich zulässig erachtet. Dieser Vorrang unterliegt allerdings einer verhältnismäßigen Einschränkung, wonach derartige Vorgaben einen nachweisbaren, überprüfbaren Effekt haben müssen (Casati, 2023, S. 8).

Nachdem diese Leistungen nicht zu den Betriebskosten zählen, sondern gesondert verrechnet werden (Lenoble, 2022, S. 40), unterliegen sie jedenfalls nicht den für Betriebskosten bestehenden Einschränkungen. Zweifelsfrei ist ein Eingriff des*der Vermieter*in in diesen Bereichen allerdings bislang ungewöhnlich und entspricht nicht der normalen Geschäftsgebarung. Mangels bestehender gesetzlicher Regelung weicht aber die Verpflichtung, nur Energie aus ökologisch nachhaltigen Energiequellen zu beziehen, nicht vom (nicht vorhandenen) dispositiven Recht ab, sodass eine derartige Regelung nur bei gänzlicher Unangemessenheit (die nicht anhand der normalerweise für die Mieter*n positiveren Bestimmungen des MRG beurteilt werden kann) und damit einhergehender fehlender sachlicher Rechtfertigung nichtig wäre. Dabei könnte relevant sein, dass dieser Nebenverpflichtung keine Leistung des*der Vermieter*in gegenübersteht. Um jedoch eine Sittenwidrigkeit iSd § 879 Abs 1 ABGB zu erreichen, muss zu dem – hier unzweifelhaft vorhandenen – Missverhältnis zwischen Leistung und Gegenleistung noch ein weiteres den individuellen Fall prägendes Element hinzukommen (OGH 3 Ob 148/17m). Bei einer bloßen Verpflichtung zur Verwendung von ökologisch nachhaltigen Energiequellen ist ein derartiges Element allerdings – zumindest im Allgemeinfall – nicht erkennbar.

Gerade, weil auch im öffentlichen Vergaberecht eine ökologische Vergabe in der Regel der ökonomischen vorgeht, ist die Übernahme einer derartigen Verpflichtung wohl auch im privaten Bereich (zumindest des Anwendungsbereichs des KSchG) grundsätzlich zulässig. In Ansehung einer allenfalls fehlenden sachlichen Rechtfertigung könnten derartige

Verpflichtungen im Zuge einer vertraglichen Gesamtbetrachtung dennoch als gröblich benachteiligend anzusehen sein.

6.1.2 Ökologisch nachhaltige Vermietung

Im Gegensatz zum Baurecht ist die Vermietung – insbesondere durch das MRG – umfassender reguliert. Dementsprechend muss sich eine ökologisch nachhaltige Vermietung stärker an gesetzliche Rahmenbedingungen halten bzw. ist von diesen abhängig. Mayr (Mayr, 2017, S. 55) sieht in den Bestimmungen des MRG im Hinblick auf die im MRG normierte Möglichkeit zu thermischen Verbesserungen, der damit einhergehenden Duldungspflicht des*der Mieters*Mieterin bzw. der Möglichkeit des*der Mieters*Mieterin selbst Maßnahmen durchzusetzen, dass das MRG zwar ebenso den Schutz der Umwelt verfolge, letztlich weist es dennoch in vielen Bereichen keine umweltfreundliche Ausgestaltung auf und schafft sogar Hemmnisse, die z.B. energieeffizienten Maßnahmen entgegenstehen (Mayr, 2017, S. 12). Obwohl daher etwa der Austausch von Verbrauchsdaten auch im Vollanwendungsbereich des MRG wirksam vereinbart werden kann (5.2.7), gilt das keineswegs für die Implentierung eines Energie-Monitorings, was der nächste logische Bearbeitungsschritt einer Daten-Analyse im Rahmen eines Green Lease wäre (Artner & Pugl, 2021, S. 132).

Eine Ausnahme für eine mögliche Umsetzung ökologisch nachhaltiger Kernthemen könnten aber begrünte Fassaden oder Dächer sein. Folgt man Dettner, Pfoser und Sieber (Dettner, Pfoser & Sieber, 2016, S. 13) kann durch eine Fassadenbegrünung der Primärenergiebedarf für Kühlung um bis zu 50 % reduziert werden (im konkreten Beispiel durch den Wegfall von 45 (!) Klimageräten). Zweifelsohne fallen Erhaltungsmaßnahmen von Fassaden und/oder Dächer unter § 3 Abs 2 Z

1 MRG bzw. unter Berücksichtigung der grünen Fassade als energiesparende Gemeinschaftsanlage auch unter § 3 Abs 2 Z 5 MRG. Liegt nunmehr die vorausgesetzte Reparaturbedürftigkeit der Fassade vor, steht dem*der Vermieter*in zweifelsohne eine größere Erhaltungsarbeit an, für dessen Bestreitung eventuell eine Erhöhung der Hauptmietzinse iSd § 18 MRG erwirkt werden könnte. Ferner könnten die anschließend für den Betrieb anfallenden Kosten durch die Mieter*innen zu tragen sein. ISd § 24 Abs 2 MRG ist es zumindest unerheblich, ob den Mieter*innen das Recht zusteht, diese gemeinschaftlichen Grünanlagen zu betreten bzw. sie diese für Erholungs- oder Ertragszwecke nutzen können, weil ein etwaiger Nutzen der Grünanlage durch die Mieter*innen auch darin gezogen werden kann, dass den Mieter*innen eine schönere Umgebung, eine nettere Aussicht oder bessere Luft verschafft wird (Prader, 2023, zu § 24 MRG). Unstrittig ist aber, dass eine nachträgliche Änderung des Austattungszustand keine Änderungen des Mietzins bedeutet. Wie ist daher damit umzugehen, wenn diese Gemeinschaftsflächen erst nach Mietvertragsabschluss durch spätere Erhaltungsarbeiten geschaffen werden. In der Regel steht eine Nutzung durch die Mieter*innen in direktem Zusammenhang zu einer Beteiligung zu den Betriebskosten. Unter Verweis auf OGH 8 Ob 83/21w kommt Trojer (Trojer, 2023, S. 53) zu dem Schluss, dass es bei der Schaffung nachträglicher Gemeinschaftsanlagen zu einer „automatischen Erweiterung" des Nutzungsrecht kommen kann. Gegenstand dieser Annahme war zwar eine Verpflichtung des*der Vermieters*Vermieterin zur Herstellung einer Gemeinschaftsanlage nach § 4 Abs 3 Z 1 MRG, Trojers Hauptargumente dafür sind aber aus Sicht des Verfassers auch auf andere Themenbereiche – wie etwa verpflichtende Erhaltungen nach § 3 MRG - umlegbar. Dazu überlegt Trojer zunächst, dass es unsachlich wäre, wenn bloß ein Kontrahierungszwang zugunsten der Mieter*innen

bestünde. Sollten die Mieter*innen ihr Recht nicht in Anspruch nehmen, käme der*die Vermieter*in in die Verlegenheit, für einen Großteil der Betriebskosten einer Anlage aufkommen zu müssen, die er*sie selbst gar nicht errichten wollte. Die automatische Ausweitung der Nutzung darauf abzustellen, ob die Umsetzung der Maßnahme bereits gerichtlich durchgesetzt wurde, käme aber ebenso nicht in Frage. In diesem Fall könnte wiederum der*die Vermieter*in einzelne Mieter*innen von einer Nutzung „aussperren", wenn er*sie die Gemeinschaftsanlage errichtet, bevor ihn die Mieter*innen dazu gerichtlich verpflichten können. Folglich kommt es nach den Ausführungen von Trojer zu einer automatischen Ausweitung des Nutzungsrechts, wenn der*die Vermieter*in aufgrund einer gesetzlichen Verplfichtung zur Errichtung der Gemeinschaftsanlage verplfichtet ist. Der OGH (OGH 5 Ob 138 /17f) stimmte zu, dass die Betreibskosten einer (nachträglich) errichtete Brandmeldeanlage, die zwar nicht durch alle Mieter*innen genutzt werden kann, aber ihnen zur Verfügung steht, ebenso unter § 24 Abs 2 MRG subsumierbar sind. Diesen Argumentationslinien folgend, muss dasselbe gelten, wenn der*die Vermieter*in aufgrund einer Verplfichtung nach § 3 MRG Erhaltungsarbeiten erbringen muss, zumal die unter § 3 Abs 2 Z 5 MRG genannten Erhaltungsarbeiten ohnedies einen sehr engen Bezug zu den unter § 4 MRG genannten Verbesserungsarbeiten aufweisen (etwa § 6 Abs 1 Z 2 MRG). In Anbetracht der ohnedies durchzuführenden Erhaltungsarbeiten an der Fassade müsste die nur für die zusätzliche Begrünung der Fassade vorzunehmende Wirtschaftlichkeitsbetrachtung (wenn man davon ausgeht, dass die Begrünung nicht bereits unter § 3 Abs 2 Z 1 MRG fiele) ebenso positiv ausfallen. Nachdem der*die Vermieter*in daher gesetzlich verpflichtet ist, die Fassade zu begrünen, müssen iwF auch die Mieter*innen für die späteren Kosten des Betriebs der Fassade aufkommen.

Außerhalb des Vollanwendnungsbereichs des MRG unterliegt der*die Vermieter*in zwar weitaus weniger Regulatorien, dennoch weicht die Implentierung ökologisch nachhaltiger Bestimmungen, wie etwa die Pflicht zur erhöhten Kostentragung aufgrund teurerer ökologisch nachhaltiger Alternativen, regelmäßig vom dispositiven Gesetz bzw. dem „gewöhnlichen Leitbild" ab (Stöhr, 2023, S. 164). Gerade weil ökologisch nachhaltige Bestimmungen nicht die Hauptleistung regeln, ist bei Vertragsformblättern großes Augenmaß auf die anwendbare Inhaltskontrolle zu legen (Artner & Pugl, 2021 S 133). Nachdem eine Benachteiligung des*der Mieters*Mieterin oftmals nicht ausgeschlossen werden kann, bedarf es für die Vereinbarung derartiger Bestimmungen daher stets einer sachlichen Rechtfertigung (Richter, 2020, S. 182). Eine Abwägung der Interessen zwischen Vermieter*innen und Mieter*innen ist daher unabdingbar um letztlich keine unwirksamen Bestimmungen zu vereinbaren (Artner & Pugl, 2021, S. 133). Ob das Interesse des*der Vermieters*Vermieterin auf eine ökologisch nachhaltige Wirtschaftsführung in diesem Kontext den einzelnen Mieter*inneninteressen vorgeht, ist in Anbetracht der noch „jungen" Strömungen zu Bildung einer „Green Economy" fraglich (siehe dazu etwa 6.1.1.3), obwohl einige gute Gründe dafür sprechen (siehe etwa Reheis & Schopper, 2022, S. 534 oder Casati, 2023, S. 8).

Hinsichtlich Themen, die die ökologische Nachhaltigkeit betreffen, bedarf es daher stets klarer Vereinbarungen (Stöhr, 2023, S 163). Dies trifft sowohl auf Mietverträge im Vollanwendungsbereich des MRG als auch außerhalb dessen zu, weil einerseits im Vollanwendungsbereich des MRG ohnedies nur innerhalb des im MRG relativ eng gesteckten Rahmens des zwingenden Rechts agiert werden kann, was wohl dargelegt werden muss und andererseits außerhalb des Vollanwendungsbereiches des MRG die

Bestimmungen nachvollziehbar und für den Mieter zumindest nicht grob nachteilig sein müssen, um die wesentlichen Aspekte für die notwendige sachliche Rechtfertigung herauslesen zu können. Grundsätzlich hängt letztlich die Gültigkeit der einzelnen Bestimmungen aber vom Gesamtvertrag ab, sodass auch auf die Vorteile des*der Mieters*Mieterin bzw. auch gesamtgesellschaftliche Interessen am Klimaschutz Wert zu legen ist (Arnter & Pugl, 2021, S. 133).

Bei der Implementierung einzelner Bestimmungen ist daher die rechtliche Komponente mit der wirtschaftlichen zu verschmelzen, um aufzuzeigen, dass durch die Verwendung von nachhaltigen Materialen, wie zum Beispiel Holz das Raumklima verbessert wird (Stühlinger, 2022) oder bei Implementierung eines Energiemonitoring die Verbrauchskosten reduziert werden können (Artner & Pugl, 2021, S. 133).

Dazu kommt allerdings die in Österreich bestehende Owner-User Problematik hinzu. Selbst wenn der*die Vermieter*in an seinem Mietgegenstand ökologisch nachhaltige Verbesserungen vornimmt (wie etwa eine thermische Sanierung) und diese auch aus eigener Tasche bezahlt, genießt die Vorteile daraus ausschließlich der*die Mieter*in (Mayr, 2017, S. 35), weil der Mietzins nachträglich ja nicht angepasst werden kann. Im Lichte der oben ausgeführten Vorgaben, dass etwaige Bestimmungen sachlich rechtfertigbar sein müssen, müssen deren Konsequenzen genau vorhersehbar und etwaige Belastungen kostenmäßig bestimmbar sein (5.2.6). Deswegen unterliegen etwaige Öffnungsklauseln, die die Owner-User Problematik umschiffen könnten, sehr strengen Voraussetzungen. Nachdem klarerweise etwaige Verpflichtungen zur unbeschränkten Kostentragung einerseits nicht vom*von der Mieter*in akzeptiert werden würden und andererseits als gröblich benachteiligend angesehen werden könnten, kämen nur bloße Absichtserklärung, wie etwa das nachfolgende Beispiel, in Betracht:

„Zwischen den Parteien besteht Einigkeit, dass etwaige konkrete, über die Regelungen in diesem Mietvertrag hinausgehende weitere Vorschläge zur Förderung der nachhaltigen Nutzung und Bewirtschaftung in diesem Mietverhältnis partnerschaftlich besprochen und ggf. gemeinschaftlich beschlossen werden. Dies gilt auch hinsichtlich der Frage der Kostentragung bzw. Kostenverteilung sowie der Duldung einzelner konkreter Maßnahmen."

Dieser Problematik steht das Recht des*der Mieter*in auf Investitionskostenersatz gegenüber, die es dem*der Mieter*in ermöglicht, bei der Umsetzung geförderter Maßnahmen von dem*der Vermieter*in Kostenersatz zu bekommen (Artner & Pugl, 2021, S 139 f.). Könnte man sich auf das vorgehende Beispiel einigen könnte diese Bestimmung ebenso Vorteile für den*der Mieter*in mit sich bringen, weil der*die Mieter*in im Vollanwendungsbereich des MRG erst nach Beendigung des Mietverhältnisses Anspruch auf Kostenersatz hätte (§ 10 MRG) bzw. ein Ersatz außerhalb des Vollanwendungsbereiches des MRG überhaupt – auch bereits bei Mietvertragsunterzeichnung – ausgeschlossen werden könnte (Lovrek, 2017, zu § 1097).

Die Umsetzung ökologisch nachhaltiger Bestimmungen ist daher vielfach durch die vorliegende Gesetzeslage, insbesondere durch das MRG, begrenzt. Obwohl einzelne eher „mietfremde" Regelungen (wie etwa der Austausch von Gebrauchsdaten) wirksam vereinbart werden können, treffen Bestimmungen, die tatsächlich den Kern eines Green Lease regeln möchten (wie Energiereduktion, etc.), auf die bereits zum Teil längere Zeit kodifizierten Kernelemente des Mietrechts, was letztlich eine wirksame Vereinbarung derartiger Themengebiete überaus schwierig gestaltet.

6.2 How to: Green Lease international

Auch in Deutschland muss vor allem mit Blick auf die strengen Anforderungen an Allgemeine Geschäftsbedingungen bei der Formulierung „grüner Mietverträge“ mitbedacht werden, dass ein angemessenes Verhältnis zwischen den (ökologischen und ökonomischen) Interessen beider Parteien gefunden wird (Binkowsky, 2014, S. 311 f.). Ungeachtet dessen fehlen auch in Deutschland klare Regelungen, wann ein Mietvertrag zu einem „grünen“ Mietvertrag wird (Griebel & Thanner, 2015, S. 3). Dennoch war es auch der Wunsch des Gesetzgebers, im Zuge der letzten Mietrechtsreformen ökologische Merkmale stärker zu berücksichtigen. Es ist daher zu erwarten, dass sich auch im deutschen Markt „Green Lease“ langfristig durchsetzen werden (Binkowsky, 2014, S. 311 f.). Das deutsche Mietrecht steht hier jedoch im „Spagat“ zwischen ökologischer Version und rechtlichen Gesichtspunkten (Griebel & Thanner, 2015, S. 4). Grundsätzlich ist in Deutschland aber unstrittig, dass das übergeordnete Ziel „grüner“ Mietvertragsgestaltung anerkennenswert und in verschiedenen Bereichen auch durch den Gesetzgeber privilegiert ist. So ermöglichen etwa die §§ 554 und 559 BGB dem*der Vermieter*in die Möglichkeit die Miete nach Modernisierungsmaßnahmen zu erhöhen. Wie in Österreich unterliegen aber auch in Deutschland Mietverträge der „Klauselkontrolle“, sodass auch ökologisch nachhaltige Bestimmungen sich der Kontrolle des § 307 BGB stellen müssen, der letztlich eine unangemessene Benachteiligung einer Partei untersagt (Binkowsky, 2014, S. 311 ff.). In der deutschen Judikatur oder Literatur haben sich allerdings noch keine Auffassung zur Inhaltskontrolle bestimmter grüner Vertragsbedingungen gebildet

(Binkowsky, 2014, S. 311 ff). Die Vorreiter*innen im Bereich des Green Lease werden daher mit „Anfangsschwierigkeiten" zu kämpfen haben (Griebel & Thanner, 2020). Dabei wird zu beachten sein, wie (un-)verbindlich die jeweiligen Bestimmungen ausgestaltet sein werden. Je unverbindlicher eine „grüne" Empfehlung für die belastete Partei normiert, desto weniger besteht die Gefahr einer unangemessenen Benachteiligung dieser Partei (Binkowsky, 2014, S. 311 ff.).

In Großbritannien erfuhr der „Green Lease" im Jahr 2023 neuen Aufschwung durch die nunmehr festgelegten „minimum energy efficiency standards". Während Gebäude mit einer Energieeffizienz gemessen am Energiezertifikat von F und G bereits seit 01.04.2023 nicht weiter vermietet werden dürfen, wird diese Regelung derart ausgedehnt, dass Mietobjekte bis 2027 generell zumindest Kategorie C und bis 2030 betreffend Gewerbemieten sogar zumindest Kategorie B aufweisen müssen (Davies, 2023). Die Erwartungshaltung in Großbritannien ist dahingehend, dass aufgrund dieser neuen Bestimmungen nicht nur neue Mietverträge „grün" abgeschlossen werden, sondern auch bereits bestehende angepasst werden, was die Breitenwirkung „grüner" Mietverträge erweitert (Goatman & Sainz de Baranda, 2018, S. 1) Grundsätzlich sollten aber auch in Großbritannien „grüne" Klauseln die Parteien beidseitig verpflichten und die positiven Aspekte der Einhaltung dieser Bestimmungen hervorheben (Davies, 2023).

6.3 Ausblick einer nachhaltigen Vermietung

Während Deutschland durch die Möglichkeit nach einer Sanierung den Mietzins anzuheben, zumindest vorsichtige Anreize in Richtung ökologische Vermietung setzt (Binkowsky, 2014, S. 311 ff.), sieht das österreichische Mietrecht keinen „Bonus" vor, wenn ein*e Vermieter*in sich zu einer ökologisch nachhaltigen Vermietung entscheiden möchte. Gerade die in Österreich noch nicht gelöste „Owner-User Problematik“ verhindert eine breitenwirksame Umsetzung nachhaltiger Maßnahmen (Marty, 2018, S. 12). Letztlich gibt es in Österreich auch keine Verpflichtung zu „mehr“ ökologischer Nachhaltigkeit, wie etwa in Großbritannien (6.2).

Die Europäische Union setzt allerdings Anreize zur Umsetzung ökologisch nachhaltiger Maßnahmen, die sich auch zwangsweise auf Mietverträge auswirken (siehe dazu bereits 5.2.1). Auch führende internationale Investor*innen, wie etwa Union Investment, verlautbaren, dass nachhaltige Immobilien eine Zukunft sind, welche nicht aus dem Immobilienmarkt wegzudenken ist (Union Investment Real Estate GmbH, 2023).

Unter Berücksichtigung der Diskussion zu dem nunmehr seit einem Jahr im Entwurfsstadium vorliegenden und heftig diskutierten Erneuerbare-Wärme-Gesetz, wo Deutschland wiedermal schneller war, bleibt nur zu sagen:

Klimafit ist das österreichische Mietrecht jedenfalls (noch lange) nicht, aber vielleicht tut sich ja nun doch (bald) Etwas.

7 Zusammenfassung

Die Wirtschaft des 20. Jahrhunderts hat ökologisch nachhaltige Herangehensweisen kaum bis gar nicht berücksichtigt. Der Immobiliensektor ist dabei zu einem der größten Player im Hinblick auf CO^2 Emissionen herangewachsen. Obwohl sich der Trend langsam umzukehren beginnt, widersprechen diese neuen Entwicklungen zum Teil den in der Vergangenheit anders gesetzten Schwerpunkten. Auch im Rechtsbereich bestand lange Zeit keine Notwendigkeit auf ökologisch nachhaltige Aspekte Rücksicht zu nehmen, weswegen sich diese fehlende Schwerpunktsetzung (für nachhaltige Aspekte) nachteilig auf die bestehenden gesetzlichen Regelungen ausgewirkt hat.

Während der letzten Jahre hat sich der Druck auf ökologisches nachhaltiges Wirtschaften drastisch verstärkt, sodass auch in der Baubranche begonnen wird, ökologische Nachhaltigkeit detaillierter zu beleuchten. Aufgrund der bislang fehlenden Regelungen, was Nachhaltigkeit bedeutet, wurden dabei oft auch nicht die ökologische Nachhaltigkeit fördernde Ziele als nachhaltig beworben. Obwohl daher über Green Build und Green Lease bereits einige Zeit diskutiert wird, gibt es weiterhin keine klaren Richtlinien, wann von einem ökologisch nachhaltigen Produkt (also von einem Green Building oder Green Lease) gesprochen werden konnte. Diesen Praktiken soll die nunmehr erlassene EU-Taxonomie Verordnung durch Bekanntgabe klarer Rahmenbedingungen einen Riegel vorschieben. Die EU-Taxonomie Verordnung schreibt allerdings nur vor, unter welchen Gesichtspunkten eine wirtschaftliche Tätigkeit als nachhaltig angesehen werden kann. Vorgaben, wie letztlich diese Voraussetzungen (rechtlich) umgesetzt werden können, gibt sie nicht vor. Die bestehende Rechtsordnung sieht sich daher mit einer Thematik konfrontiert, die in der

Vergangenheit wenig Einfluss auf die Gesetzgebung oder Rechtsprechung ausüben konnte. Vielen Bestimmungen verfolgen daher einen gänzlich anderen Zweck, der nicht immer mit diesen neuen Ansätzen einer ökologischen Nachhaltigkeit zu vereinbaren ist.

Um im Sinne der EU-Taxonomie Verordnung ein nachhaltiges Gebäude zu errichten, müssen eine Vielzahl von Parametern beachtet werden. Nachdem die EU-Taxonomie Verordnung kein Punktesystem vorsieht, sondern lediglich darauf abstellt, ob die Kriterien vorliegen oder nicht, müssen alle von der EU-Taxonomie Verordnung vorgegebenen Parameter erfüllt werden. Beim Neubau ist daher Augenmerk auf den Primärenergiebedarf des Gebäudes, die verwendeten Materialien und die Möglichkeit diese zu recyceln zu legen. Zusätzlich müssen durch den Neubau vorzugsweise naturbasierte Lösungen umgesetzt werden, die die für Gebäude wichtigsten Klimarisiken erheblich reduzieren. Letztlich bestehen auch Einschränkungen auf welchen Flächen gebaut werden darf und bei der Gebäudeerrichtung selbst. Der*die Bauträger*in, als der*die für die Einhaltung der Kriterien der EU- Taxonomie Verordnung verantwortliche Person, hat daher eine Vielzahl von Themenbereichen zu überwachen. Wesentliches Thema ist demnach eine detaillierte Ausgestaltung des Auftrages. Gerade weil bei der ökologisch nachhaltigen Errichtung die Regelungsdichte überaus gering ist, sind die Parteien weitgehend frei darin, ihnen wichtige Kriterien in die Verträge aufzunehmen. Obwohl daher ökologische Nachhaltigkeit rechtlich umgesetzt werden könnte, liegt die Problematik nicht darin, dass bestimmte Vorgaben gesetzlich unzulässig wären, sondern dass wichtige Elemente einer nachhaltigen Errichtung übersehen bzw. unvollständig beauftragt werden. Dabei muss unterschieden werden, ob die Beauftragung funktional, also die Errichtung eines nachhaltigen Gebäudes, oder konstruktiv, nämlich z.B. Errichtung eines

Gebäudes, das aus Fichtenholz gebaut ist, erfolgt. Aufgrund der Fülle an zu beachtenden Vorgaben haben beide Ausschreibungsformen ihre Vor- und Nachteile. Im Rahmen der funktionalen Ausschreibung muss sehr viel Wert auf die Definition des Begriffes „nachhaltig“ gelegt werden, andernfalls riskiert der*die Bauherr*in, dass unklare Vorgaben zu seinen*ihren Lasten ausgelegt werden. Bei Beauftragung einer Konstruktion müssen wiederum alle Themenkomplexe der Errichtung, die für ein nachhaltiges Gebäude notwendig sind, beschrieben werden. Auditor*innen können zwar unterstützend herangezogen werden, diese können aber nicht zu Verantwortung gezogen werden, sollten letztlich wesentliche Kriterien nicht eingehalten werden.

Damit letztlich ein „grünes“ Gebäude errichtet wird, ist auf Seiten des*der verantwortlichen Bauträger*in tiefgründiges Know-How über alle Aspekte einer nachhaltigen Errichtung notwendig, das in die Beauftragung eingebracht werden muss.

Bei den für das Verhältnis zwischen Vermieter*innen und Mieter*innen relevanten nachhaltigen Tätigkeiten Renovierung und Erwerb von und Eigentum an Immobilien, gibt es Seitens der EU-Taxonomie Verordnung weitaus weniger Vorgaben zu beachten als beim Neubau. Hier sind lediglich die Erzielung eines bestimmten Primärenergiebedarfes und die Reduktion von Klimarisiken Gebäude betreffend zu beachten. Demgegenüber herrscht im Mietrecht allerdings bereits aufgrund des Spannungsverhältnisses zwischen Mieter*in und Vermieter*in eine weitaus stärkere Regelungsdichte. Bezogen auf Mietverhältnisse verhält sich die Erbringung von nachhaltigen Tätigkeiten daher konträr zur Errichtung: Hier sind zwar die zu regelnden Themen besser eingrenzbar, die gesetzlichen Vorgaben machen aber eine Umsetzung komplexer. Dennoch erlaubt auch das

Mietrecht zum Teil die Umsetzung nachhaltiger Maßnahmen, wenngleich nur etwas „umständlicher“. Plakatives Beispiel hierfür ist die als naturbasierte Lösung zur Reduktion von Hitze anerkannte Dach- bzw. Fassadenbegrünung. Generell besteht weder die Verpflichtung des*der Vermieter*Vermieter*in diese umzusetzen, noch die Pflicht des*der Mieter*in dafür aufzukommen. Ist allerdings die alte Fassade schadhaft und auszutauschen, ist im Vollanwendungsbereich des MRG denkbar, dass der*die Mieter*in sich an der Erneuerung der Fassade durch Austausch mit einer begrünten Fassade beteiligen muss. Weil es sich letztlich ebenso bei der Fassade um eine Anlage des Mietgegenstandes handelt, die der*die Vermieter*in der*die Mieter*in zur Nutzung zur Verfügung stellen muss, könnte sich daraus auch eine (nachträgliche) Übernahme der Kosten des Betriebes durch den*die Mieter*in ergeben. Die vertragliche Regelung anderer ökologisch nachhaltiger Themen, die nicht derart klar unter dem Begriff Erhaltung subsumiert werden können, stellt sich weitaus schwieriger dar. Gerade weil in der Regel die Umsetzung ökologisch nachhaltiger Praktiken beide Parteien in die Pflicht nehmen müsste, was im MRG aufgrund der Owner-User-Problematik eher dem Gegenteil entspricht, werden diese unter den bestehenden gesetzlichen Regelungen nicht realisiert. Ein derartiges Hemmnis beschränkt Vermieter*innen auf ein Mindestmaß an ökologisch nachhaltiger Investition (die verbreitete Ansicht, dass eine Reduktion von Klimarisiken etwa dadurch bewirkt werden kann, wenn Mieter*innen bei Voraussage eines Hagelgewitters seine*ihre losen Gegenstände befestigt bzw. in den Mietgegenstand verbringt, sollte eine Selbstverständlichkeit darstellen und trägt sicherlich nicht zu einer ökologisch nachhaltigen Gebäudebewirtschaftung oder gar zur Reduktion der CO^2 Belastung bei).

Nichtsdestotrotz sind die ökologisch nachhaltigen Bewegungen auf dem Vormarsch.

Der Drang nach der Umsetzung ökologisch nachhaltiger Maßnahmen in der Immobilienbranche ist daher vorhanden, weswegen auch zu erwarten ist, dass Green Lease und Green Build sich als gängige (Rechts-)Praxis etablieren werden. Dabei kann allerdings schnell der wahre Hintergedanke von ökologischer Nachhaltigkeit, nämlich nicht die Profisteigerung, sondern die Rettung der Umwelt und des Ökosystems, in Vergessenheit geraten. Um somit diesen aktuellen „Boom“ in sinnvolle Bahnen zu lenken, bedarf es klarer rechtlicher Anpassungen, damit ökologische Nachhaltigkeit auch sinnvoll (rechtlich) gelebt werden kann. Entscheidungsträger*innen müssen in diesem Zusammenhang auch in sich gehen, ob diese notwendigen Maßnahmen auch ohne – zumindest marginaler genereller Einschränkungen – schnell genug bzw. richtig vonstattengeht. Der von Rishi Sunak am 20.09.2023 kürzlich veröffentlichte, populistische „new approach“ zur Klimapolitik Großbritanniens, stellt hier sicherlich ein weiteres mahnendes Beispiel dar und wird wohl dazu führen, dass Großbritannien in zukünftigen Arbeiten die ökologische Nachhaltigkeit betreffend nicht mehr als Beispiel für seine Vorreiterrolle erwähnt werden wird.

Schlussendlich bleibt nur zu hoffen, dass sich der von Hobbes (Hobbes, 1681) bereits im 17. Jahrhundert formulierte Satz:

„It is not wisdom, but authority that makes the law.“,

nicht auch für die Klimapolitik bewahrheitet.

68

8 Literatur- und Quellenverzeichnis

Abgrenzung Geschäftsraummiete/Unternehmenspacht. (2014). *immolex-LS 2014 (11)*, 308.

Abgrenzung Werklieferungsvertrag von Werkvertrag. (2002). *RdW 2002 (3)*, 150.

Aicher, J. (2017) § 1053 In Rummel/Lukas (Hrsg), *ABGB 4*. Wien: Manz'sche Verlags- und Universitätsbuchhandlung GmbH.

Allgemeines Bürgerliches Gesetzbuch (ABGB) BGBl. I Nr. 59/2021 idF BGBl. I Nr. 86/2021

Alves, L.A., Fernandes, A.S.C., Fernandes, J.L. & Zellin, G.M. (2017). LEED certification in a commercial enterprise in Brazil. In Arezes, P.M., Baptista, J.S., Barroso. M. P., Carneiro, P., Cordeiro P., Costa N. (Hrsg.), *Occupational Safety and Hygiene V*, 523. London: CRC Press

Amiri, A. et al. (2019). "Are LEED-Certified Buildings Energy-Efficient in Practice?" Sustainability (Basel, Switzerland), *MDPI 2019 (11)*. Verfügbar: https://doi.org/10.3390/su11061672.

Anderl, A. & Ciarnau, A. (2021). Green & Blue Washing – Die Grenzen des Marketings. In Zahradnik, A. & Richter-Schöller, C (Hrsg.), *Handbuch Nachhaltigkeitsrecht*, 73- 99. Wien: Manz'sche Verlags- und Universitätsbuchhandlung GmbH.

Armbrüster, C. (2019) AGB-Kontrolle im unternehmerischen Geschäftsverkehr, *NZA-Beilage 2019 (1)*, 44 – 52.

Artner S. (2020) Liegenschaftskaufvertrag. In Artner/Kohlmaier (Hrsg), *Praxishandbuch Immobilienrecht³*, 53 – 86. Wien: Lindeverlag).

Artner, S. & Pugl, M.-L., (2021). Green Lease und Green Building. In Zahradnik, A. & Richter-Schöller, C (Hrsg.), *Handbuch Nachhaltigkeitsrecht, 123- 141*. Wien: Manz'sche Verlags- und Universitätsbuchhandlung GmbH.

Barth, T. & Natlacen, S. (2021). ESMA und EBA veröffentlichen Leitfaden zu Fit & Proper-Voraussetzungen. *GesRZ 2021 (4)*. 201

Bauer, M., Mösle, P. & Schwarz, M. (2013) *Green Building: Leitfaden für nachhaltiges Bauen.* (2. Auflage). Berlin: Springer Verlag

Benes, C., Buchleitner, C., Ertl, G., Fritzer, M., Mrvošević, L., Schoditsch, T. & Wilhelm, G. (2016). Gewährleistung, Schadenersatz, Irrtum, List und die Rügeobliegenheit. *ecolex 2016 (4)*, 295.

Berger, C. (2022). Wenn der Vermieter das Licht abdreht. *immolex 2022 (4)*, 143 – 146.

Bernat, E. & Schwarzenegger, P. (2010). Haftung einer Wohn- und Siedlungsgenossenschaft für Fehler des ausführenden Baumeisters und der Beginn der langen Verjährung. *immolex 2010 (11)*, 306.

Bickert, E. (2021). „Grünes Mietrecht": Instrumente für divergierende Anreize zur Energieeffizienz Forum Nachhaltige Immobilien. *Forum Nachhaltige Immobilien.* Verfügbar unter https://forumnachhaltige-immobilien.com/category/real-estate-commercial/page/5/

Bierhalter, B. (2022, 12) *CBRE-Report: Nachhaltige Büroimmobilien erwirtschaften höhere Mieten.* Verfügbar unter: https://news.cbre.de/cbre-report-nachhaltige-bueroimmobilien-erwirtschaften-hoehere-mieten/#:~:text=B%C3%BCroimmobilien%20mit%20einer%20Green%20Building,sind%20es%20gar%2013%20Prozent.

Binkowski, S. (2014). Corporate Real Estate (I): Aufwertung des Immobilienbestandes mit Green Lease Verträgen. In Schulz T., Bergius S., *CSR und Finance. Management-Reihe Corporate Social Responsibility* (S. 311–323). Berlin: Springer.

Breitbart D. (2010). Beim Green Building hilft der Standardvertrag. *IZ Immobilien Zeitung.* Verfügbar unter https://www.immobilien-zeitung.de/94791/beim-green-building-hilft-standardvertrag-nicht.

Bright, S., Dixon, T.J., Janda, K., Patrick, J. & Wilkinson, S. (2016). The evolution of green leases: towards inter-organizational environmental governance, *Building, Research & Information 2016 (44)*, 660 - 674, verfügbar unter: http://dx.doi.org/10.1080/09613218.2016.1142811

Bruhin, A., Groezinger, J. & Lindner, S. (2019) *Vergleichende Untersuchung zur Effizienzpolitik Gebäude Frankreich – Deutschland.* Berlin: Deutsche Energie-Agentur (dena).

Brogyányi, C. & Burian, C., (2021) Soft Facts in Hard Numbers: Chancen und Hürde bei der Nichtfinanziellen Berichterstattung. In Zahradnik, A. & Richter-Schöller, C (Hrsg.), *Handbuch Nachhaltigkeitsrecht* (S. 157- 184). Wien: Manz'sche Verlags- und Universitätsbuchhandlung GmbH.

Böhler, E. & Krejci, H. (2022) § 1166. In Rummel/Lukas/Geroldinger, *ABGB 4*. Wien: Manz'sche Verlags- und Universitätsbuchhandlung GmbH.

Böszörmenyi, J. (2023). Wesentliche Klarstellungen zum Begriff des Personenbezugs durch das EuG. *ecolex 2023 (7)*, 628

Bundeskanzleramt Österreich. (2020). *„Aus Verantwortung für Österreich"*. Ort: Wien. Verfügbar unter: https://www.bundeskanzleramt.gv.at/bundeskanzleramt/die-bundesregierung/regierungsdokumente.html.

Bundesministerium für Klimaschutz, Umwelt, Energie, Mobilität, Innovation und Technologie (BMK): Öffentliche Verwaltung (2021, 24.02). *EU-Taxonomie, Immobilien und klimaaktiv Gebäudebewertung.* Vefügbar unter: https://www.klimaaktiv.at/bauen-sanieren/gebaeudedeklaration/eu-taxonomie-immobilien-klimaaktiv-gebaeudebewertung.html.

Bundesministerium für Wirtschaft und Klimaschutz (2021) *Eröffnungsbilanz Klimaschutz.* (2021, März). Verfügbar unter: https://www.bmwk.de/Redaktion/DE/Downloads/Energie/220111_eroeffnungsbilanz_klimaschutz.pdf?__blob=publicationFile; Berlin: Bundesministerium für Wirtschaft und Klimaschutz.

Bünger, A & Matthey, A. (2020). *Methodenkonvention 3.1 zur Ermittlung von Umweltkosten.* Dessau-Roßlau: Umweltbundesamt.

Cappelletti, F., Menghi, R., Rossi, M.& Gemani, M. (2022) *Greenbuild: An Analytical Tool to Support Decision Making in Green Building Design. Key Engineering Material 2022 (919)*, 199–209. Verfügbar unter https://doi.org/10.4028/p-1ich7x

Casati, C. (2023) Nachhaltige Beschaffung. Ihre vergaberechtlichen Grundlagen und Herausforderungen. *ZVB 2023 (1)*, 4 - 11.

Christ, J. (2018, 11) Energy Label C Obligation for All Office Buildings in the Netherlands in 2023 (With Few Exceptions). *National Law*

Review, Volume VIII, Number 331, Verfügbar unter: https://www.natlawreview.com/article/energy-label-c-obligation-all-office-buildings-netherlands-2023-few-exceptions

Circo, C. J. (2011). Will Green Building Contracts Transform Construction and Design Law? *The Urban lawyer, 2011 (42 Nr. 2)*, 483-527

Conrad, C.S. & Folkerts, E. (2023) Anonyme Daten unter der DSGVO - Risiko statt Vorteil? Kommunikation & Recht 2023 (2) S 89 -90

Controller Instituts (2022,03). Die EU-Taxonomie. Verfügbar unter: https://insights.controller-institut.at/die-eu-taxonomie/

Davies, R. (2023,05.01). *What is a Green Lease in 2023?* Verfügbar unter: https://gowlingwlg.com/en/insights-resources/articles/2023/what-is-a-green-lease-in-2023/

Delegiert Verordnung (EU) 2021/2139 der Kommission vom 4.6.2021 zur Ergänzung der Verordnung (EU) 2020/852 des Europäischen Parlaments und des Rates durch Festlegung der technischen Bewertungskriterien, anhand deren bestimmt wird, unter welchen Bedingungen davon auszugehen ist, dass eine Wirtschaftstätigkeit einen wesentlichen Beitrag zum Klimaschutz oder zur Anpassung an den Klimawandel leistet, und anhand deren bestimmt wird, ob diese Wirtschaftstätigkeit erhebliche Beeinträchtigungen eines der übrigen Umweltziele vermeidet (DelVO 2021/2139) L 442/1 idF 9.12.2021

Dettner, J., Pfoser, N. & Sieber, S. (2016) *Gutachten Fassadenbegrünung*. Darmstadt: Technische Universität Darmstadt, Fachbereich Architektur

Deutsche Gesellschaft für Nachhaltiges Bauen – DGNB e.V. (2021). *Rahmenwerk für klimaneutrale Gebäude und Standorte*. Verfügbar unter https://www.dgnb.de/de/themen/klimaschutz/rahmenwerk/)

Dörfler, M. (2018) *Die neue Datenschutzgrundverordnung als Chance und Risiko, DAG 2018 (2)*, 40 – 42

Dressel, F. (2021) Nachhaltiges Bauen – Herausforderungen in Planerverträgen, *NZBau*, 224 – 226.

Dwaikat, L. & Kherun, A. (2015). *Green buildings cost premium: A review of empirical evidence. Energy and Buildings, 2016 (110)*, 396– 403. Verfügbar unter https://doi.org/10.1016/j.enbuild.2015.11.021

Eberhardt, S. (2022) In Eberhardt/Klaubetz (HrsG), *Handbuch Immobilienprojektentwicklung (2022).* Wien, Linde Verlag Ges.m.b.H. Seite 260).

Ebert, T., Eßig, N., Hauser, G. (2012) *Green Building Certification Systems: Assessing sustainability - international system comparison – economic impact on certifications.* München: DETAIL

Ecker, J. (2020) Klimaschutz im Wohnungseigentumsrecht. Möglichkeiten der Ökologisierung de lege lata. *immo aktuell 2020 (2),* 96 – 100.

Energieausweis-Vorlage-Gesetz 2012 – EAVG 2012 BGBl. I Nr. 27/2012 idF BGBl. I Nr. 27/2012

European Environment Agency (2021). *Nature-based solutions in Europe.* Luxemburg: Publications Office of the European Union

Europäische Kommission (2013). *Commission Staff Working Document - Technical information on Green Infrastructure (GI). COM(2013) 249 final.* Brüssel: Publications Office of the European Union.

Europäische Kommission (2022). Draft Commission Notice on the interpretation and implementation of certain legal provisions of the EU Taxonomy Climate Delegated Act establishing technical screening criteria for economic activities that contribute substantially to climate change mitigation or climate change adaptation and do no significant harm to other environmental objective. Brüssel: Publications Office of the European Union. Verfügbar unter: https://ec.europa.eu/finance/docs/law/221219-draft-commission-notice-eu-taxonomy-climate.pdf

Europäische Kommission. (2020). *Renovation Wave – The European Green Deal.* Verfügbar unter https://ec.europa.eu/energy/topics/energy-efficiency/energy-efficient-buildings/renovation-wave_en

Europäischen Parlaments (2020) Entschließung des vom 17. Dezember 2020 zu der nachhaltigen Unternehmensführung (2020/2137(INI)), Amtsblatt der Europäischen Union C 445 vom 29.10.2021.

Executive Agency for Small and Medium-sized Enterprises [EASME]. (2021). Framework for carbon neutral buildings and sites. Verfügbar unter https://www.buildup.eu/en/learn/tools/framework-carbon-neutral-buildings-and-sites

Flener, L. (2021). *Bauträgerprojekte umsetzen und verstehen.* (3. Aufl). Ort: Linde Verlag.

Frankl-Templ, D. & Hüttler, B. (2022). Energieausweis. In Rainer (Hrsg.), Miet- und *WohnR.* (Kap. 20.8). Wien: Manz'sche Verlags- und Universitätsbuchhandlung GmbH

Fuchs, G. (2020) Größere Renovierung" eines Gebäudes im Sinne der Richtlinie 2010/31/EU. *bauaktuell 2020 (1)*, 19 – 20.

Fuhrmann, K. (2022) GrESt: Einbeziehung der Herstellungskosten für projektiertes Gebäude in die Gegenleistung. *immolex 2022 (6)*, Seite 238.

Gaismayer, T. & Rust, S. (2013) Das neue Energieausweisvorlagegesetz 2012 - Ein Überblick. *Zak 2013 (8)*, 147 – Seite 149

Gehmayr, B. & Gross, S. (2022). Die EU-Taxonomie. *CFOaktuell, 2022(1)*, 14 –16.

Geuer, E. & Wollmann, A. (2020). Verarbeitung von pseudonymen Daten mit besonderem Fokus auf Art 26 und 28 DS-GVO. *jusIT 2020 (1)*, 18 – 26.

Gewährleistungsverzicht und bedungene Eigenschaft beim Liegenschaftskauf. (2017). *immolex 2017 (11)*, 301.

Gewährleistung beim Zinshauskauf - mangelnde Mieterträge (2009) *wobl 2009 (2)*, 54

Gewerbeordnung 1994 (GewO 1994) BGBl. Nr. 194/1994 idF BGBl. I Nr. 108/2022

Goatmann, D. & Sainz de Baranda, E. (2018). *Green Leases.* London: Knight and Frank LLP

Griebel, A. & Thanner, E. (2015, 11) *„Grüne" Mietverträge oder Green Lease. FOKUS IMMOBILIEN 2015 (11)* (3 – 4), Nürnberg: Rödl & Partner GbR,

Gschnitzer, F. (2022) § 919 ABGB. In Fenyves (Hrsg.); Kerschner (Hrsg.); Vonkilch, (Hrsg.), *Großkommentar zum ABGB - Klang Kommentar IV/12*

Hagen, M. (2017). Erhaltungsbegriff. *immolex, 2017(2)*, 56 – 57

Halstenberg, M. (2011) Die Zertifizierung der Nachhaltigkeit eines Gebäudes als werkvertraglich geschuldete Leistung, *BauR 2011*, Rn 1458 - 1459).

Hegner (2009) Gebäudestandards der Zukunft durch nachhaltiges Bauen entwickeln, *Mauerwerk Magazin 2009 (4), Volume 13*, 170-178.

HFK Rechtsanwälte Heiermann Franke: Halstenberg, M. & Nusser, J. & & Rester, C. (2010). *Knipp Green Building / Nachhaltiges Bauen.* Berlin: Holga Wende.

Hobbes, T. (1681). A Dialogue between a Philosopher and a Student of the Common Laws of England, Chicago (1971): Cropsey, J. (bearbeitet) , Seite 55.

Höllwerth, J. (2021). Kauf eines Zinshauses und Gewährleistung für die Ausstattungskategorie. *immo aktuell 2021 (2)*, Seite 87 – 88.

Hoppe, C. (2021). Geschäftsraummiete und Unternehmenspacht im Spiegel ausgewählter OGH-Judikatur. *immo aktuell 2021 (5)*, Seite 194 - 198.

Hoyer, H. (2018). Erhaltungspflicht bezüglich einer vom Mieter vorgenommenen Erneuerung des Wärmebereitungsgeräts, die als Veränderung (Verbesserung) zu qualifizieren ist. *Notariatszeitung 2018 (2)*, 60 – 64.

Hussian, W. (2014) Auslegung des Begriffs "Kontamination, *bauaktuell 2014 (2)*, 68.

Hussian, W. (2015). Kein Vertrag mit Schutzwirkung zugunsten Dritter bei Haftungsausschluss des Unternehmers. bauaktuell 2015 (2), Seite 74f.

IG LEBENSZYKLUS BAU (2021). EU-Taxonomy. Praxisleitfaden für die Bau- und Immobilienwirtschaft. Verfügbar unter https://ig-lebenszyklus.at/wp-content/uploads/2021/10/EU-Taxonomy_FINAL.pdf

Imre, M. & Lackner, H. (2017) Die Haftung des Bauführers an der Schnittstelle zwischen öffentlichem Recht und Zivilrecht (Teil I). *bauaktuell 2017 (4)*, 149 -153.

International Chamber of Commerce [ICC] (2012). *ICC Green Economy Roadmap.* Paris: International Chambe of Commerce.

International Union for Conservation of Nature and Natural Resources [IUCN]. (1980). *World Conservation Strategy.* Verfügbar unter: https://portals.iucn.org/library/efiles/documents/wcs-004.pdf.

John, H., Marrs, C. & Neubert, M. (Hrsg., 2019). *Handbuch Grüne Infrastruktur – Konzeptioneller und theoretischer Hintergrund, Begriffe und Definitionen, österreichische Kurzfassung.* Interreg Central Europe Projekt MaGICLandscapes. Output O.T1.1, Dresden. Mit Beiträgen von: F. Danzinger, H. John, C. Marrs, M. Neubert, S. Riedl, K. Uhlemann. Verfügbar unter: https://www.interregcentral.eu/Content.Node/MaGICLandscapes.html#Outputs

Kajaba, M. (2013). Energetische Modernisierung und Klimaschutz im zivilen Wohnrecht, *immolex, 2013 (10)*, 262 – 265.

Kallinger, W. (2002). Definition, Rechte und Pflichten des Bauträgers, *immolex, 2002 (10)*, 259, Verfügbar unter: https://rdb.manz.at/document/rdb.tso.LI0211060061?execution=e3s1.

Kalss, S. (2022). Nachhaltigkeit: Die präziser werdenden Pflichten von Vorstand und Aufsichtsrat, *GesRZ 2022 (2)*, 49 - 52

Kartell- und Wettbewerbsrechts-Änderungsgesetz 2021 (KaWeRÄG 2021), BGBl I Nr. 176/2021

Kathrein, M. (2022) Überprüfung der Betriebskostenabrechnung im Außerstreitverfahren. *immolex 2022 (7-8)*, 248 -249.

Kary, C. (in Druck). Greenwashing dürfte bald teuer werden. *Die Presse 2023/08/06.*

Kibert, C. (2016). *Sustainable Construction: Green Building Design and Delivery.* New Jersey: John Wiley & Sons Inc.

Kietaibl, C. (2021) § 1166. In Schwimann/Kodek (Hrsg), ABGB Praxiskommentar Band 75 (2021). Wien: LexisNexis.

Klein, A. (2013). Gewährleistung beim Kauf eines Einfamilienhauses. *immolex 2013(4)*, 121

Kodozil, S. & Orthmann, S. (2021). Wie die Taxonomie-Verordnung die Immobilienwirtschaft verändert. *Institutional Money, 2021, ID: 1110990*, Verfügbar unter: https://www.institutional-money.com/drucken/news/theorie/headline/wie-die-taxonomie-verordnung-die-immobilienwirtschaft-veraendert-206654/.

Koller, K. & Pressler, E. (2020,07) *Green Leases – Ziele, Grundsätze und Vertragsklauseln*. https://blog.pwclegal.at/green-leases-ziele-grundsaetze-und-vertragsklauseln/#:~:text=Gem%EF%BF%A4%EF%BF%9F

Kolmasch, W. (2018) Subsidiarität der Schutzwirkungen eines Vertrags für Dritte, Rechtsprechung. *Zak 2018 (5)*, 179.

Kolmasch, W. (2018) Sorgfaltsmaßstab für Sachverständige fordert keine außergewöhnlichen Fähigkeiten. *Zak 2018 (3)*, 58.

Kolmasch, W. (2019) Irrtum über künftige Geschäftsentwicklung als Motivirrtum, *Zak 2019 (10)*, 194.

Kolmasch, W. (2021) Zusätzlicher Mietzins für Zubau auf eigene Kosten - keine Inhaltskontrolle. *Zak 2021 (16)*, 316.

Kothbauer, C. (2021). Maklerhaftung für sorgfaltswidrige Verkehrswertermittlung. *immolex 2021(11)*, 400.

Kothbauer, C. (2022) Betriebskosten und öffentliche Abgaben im ABGB-Mietrecht, *immolex 2022 (7-8)*, 284

Kotschy, W. (2018) Datenschutz - eine Standortbestimmung (Teil I). *RdW 2018 (8)*, 479 – 484

Kraml; B. (in Druck) *Rechtliche Hürden für nachhaltiges Bauen*. Der Standard.

Kronthaler, C. (2023). § 6 KSchG. Unzulässige Vertragsbestandteile In Böhm, H., Pletzer, Spruzina, Stabentheiner (Hrsg) *GeKo Wohnrecht II*. Wien: Manz'sche Verlags- und Universitätsbuchhandlung

Kropik, A. (2009). *Der Bauvertrag und die ÖNORM B 2110, Anwendung und Umsetzung in der Praxis* (2. Auflage), Wien: Austrian Standards plus.

Land Niederösterreich (2022). *Land NÖ setzt weitere Schwerpunkte zur Energieunabhängigkeit.* Verfügbar unter: https://www.noe.gv.at/noe/Land_NOe_setzt_weitere_Schwerpunkte_zur_Energieunabhaengi.html.

LEED Platin für Rivergate, (Erstveröffentlichung 2013, 8/ Letzte Aktualisierung 2021 12), *TGA Ein Magazin der Weka Industrie Medien.* Verfügbar unter: https://tga.at/artikel/leed-platin-fuer-rivergate/.

Lenoble, C. (2022) Mietzins - eine schwammige Materie. *ZLB 2022 (5)*, 86 -87

Lenoble, C. (2022) E, S und G - die neue Nachhaltigkeit. *ZLB 2022 (6)*, 106 – 107.

LG Berlin 26 O 177/21

Limberg, C. (2015) Auslegung des Begriffes Kontamination Vereinbarte Haftung des Verkäufers der Liegenschaft bei Kontaminierungen. *immolex 2015 (2)*, 59.

Lindinger, E. (2022). Auskunftsanspruch des Mieters. *immolex 2022 (6)*, 210 – 214.

Lovrek, E. (2017) § 1097 ABGB. In Rummel/Lukas, *ABGB 4*, Wien: Manz'sche Verlags- und Universitätsbuchhandlung GmbH

Mängelbehebung bei Herstellung des Werks durch mehrere Werkunternehmer. (2015). *JBl 2015 (6)*, 376 - 380

Maier, C., E. & Willhelm, A. (2020,04) *Die EU-Taxonomie in der Praxis: Was Unternehmen über die neue Verordnung wissen sollten.* Verfügbar unter: https://www.roedl.de/themen/nachhaltigkeit-csr/eu-taxonomie-2022-green-deal-aktionsplan-klimaneutralitaet.

Majchrzak, K. (2021). *GREEN CLAIMS Es grünt zu grün: Irreführende grüne Werbung. DerStandard/Wirtschaftsrecht.* Verfügbar unter https://www.derstandard.at/story/2000130643481/es-gruent-zu-gruen-irrefuehrende-gruene-werbung.

Marzi, T. (2012). Rechtsfolgen der (Nicht-)Vorlage und der unterlassenen Aushändigung des Energieausweises nach dem EAVG 2012. *immolex 2012 (7-8)*, 206

Mayr, W. (2017). *Ökologisierung des Mietrechts.* Linz: Johannes Kepler Universität Linz. Verfügbar unter: https://epub.jku.at/obvulihs/download/pdf/2246393

Mayr, W. (2018). Die Ökologisierung des Mietrechts. Ein Betrag des Mietrechts zum Umweltschutz. *Sachverstädnige 2018 (4)*, 206 -208.

Mietrechtsgesetz (MRG) BGBl. I Nr. 520/1981 idF idF BGBl. I Nr. 59/2021

Mösle, P., Lambertz, M., Altenschmidt, S. & Ingenhoven, C. (2017) *Praxishandbuch Green Building: Recht, Technik, Architektur.* Berlin: Walter de Gruyter GmbH & Co KG

Mondel, C. (2018) § 2 EAVG. In Illedits/Reich-Rohrwig (Hrsg), *Wohnrecht*³ (2018). Wien: LexisNexis ARD ORAC

Mrvošević, L. (2021) Zum Schutzbereich des Vertrags mit Schutzwirkung zugunsten Dritter. *ecolex 2021 (12)*, 1097.

Österreichische Gesellschaft für Nachhaltige Immobilienwirtschaft (2020) *Gebäude & Energie.* Wien: ÖGNI. Verfügbar unter: https://www.ogni.at/wp-content/uploads/O%CC%88GNI_PP_Geba%CC%88udeEnergie.pdf.

Österreichisches Parlament. (2020). *Klimaschutz: CO2-Emissionen in Österreich lagen 2018 erneut über den Grenzwerten.* Wien: Österreichisches Parlament -Parlamentskorrespondenz Nr. 1274 vom 24.11.2020.

OGH 1 Ob 529/89

OGH 6 Ob 564/90, ecolex 1991, Seite 24 .

OGH 5 Ob 81/94

OGH 1 Ob 564/95

OGH 2 Ob 2171/96w (1999) ZVR 1999 (7-8), Seite 230 – 235

OGH 3 Ob 367/97k

OGH 5 Ob 190/01d

OGH 5 Ob 262/01t

OGH 5 Ob 127/11d

OGH 4 Ob 202/12b

OGH 3 Ob 238/15v

OGH 3 Ob 148/17m

OGH 2 Ob 230/17p

OGH 5 Ob 149/19a

OGH 5 Ob 145/22t

OLG Wien 5 R 106/10k

OLG Wien R 269/10h

OIB-330.6-009/15 (OIB- Richtlinie 6) idF März 2015

ÖNORM B 2215 Ausgabe: 2017-12-01, ICS 91.010.20

Paßiepen, S. (2014) *Nachhaltiges Bauen und Bewirtschaften von Büroimmobilien und der Einfluss von Zertifikate.* Hamburg: Igel verlag

Pedell Wissenschaftsverlag (2022). Vermieter von Mehrfamilienhäusern kein Endverbraucher iSd K-ElWOG, *ZTR 2022 (2)*, 128 - 131.

Pesek, R. (2017) Bagatellreparaturen als Mieterpflichten?. *immolex 2017(11),* 302 - 308

Perner, S., Spitzer, M. & Kodek G. (2019). *Bürgerliches Recht* (6. Aufl.) Wien: Manz'sche Verlags- und Universitätsbuchhandlung

Pfiel, F. (2018). Kosten der Überprüfung der Dichtheit der Gasverteilungsleitungen stellen keine Betriebskosten dar, *immolex 2018 (2)*, 56 – 58.

Pflichten der Empfangsbank gegen Überweisenden (1987) *RdW 1987,* 121.

Pflügl, J. (2022). Greenwashing auf schwarzer Liste. *Standard Verlags GmbH/ Wirtschaft & Recht, 2022(14/02)*. Verfügbar unter https://rdb.manz.at/document/rdb.tso.LIderstandard20221402?execution=e2s4.

Plattner, S. (2022), Grüne Wettbewerbsbeschränkungen: Klimawandel im Kartellrecht, *CompliancePraxis 2022 (2),* 35).

Pletzer, R. (2017) § 3 MRG Erhaltung. In Böhm/Pletzer/Spruzina/Stabentheiner (Hrsg.), *GeKo Wohnrecht I* (2019). Wien: Manz'sche Verlags- und Universitätsbuchhandlung

Pletzer, R. (2019). § 869 In Kletečka/Schauer (Hrsg.), *ABGB-ON1.03, 2019*. Wien: Manz'sche Verlags- und Universitätsbuchhandlung

Ponholzer, E. (2023) Thermisch-energetische Sanierung im Wohnungseigentum. *immolex 2023 (5)*, 158 - 162

Prader, C. (2009). Dynamische Erhaltung - Reparaturbedürftigkeit als Voraussetzung. *Immolex 2009 (1)*, 16 -17.

Prader, C. (2017), Zum Begriff des mitvermieteten Wärmebereitungsgerät. *immolex 2017 (9)*, 243

Prader, C. (2021). Keine Inhaltskontrolle bei Hauptmietzinsvereinbarung für Zubau. *immolex 2021 (10)*, 324

Prader, C. (2023). § 24 MRG. Anteil an besonderen Aufwendungen. In Prader *Wohnrecht* (2023). Wien: Manz'sche Verlags- und Universitätsbuchhandlung GmbH

Pressler, E. (2022). Green Leases in Österreich - Bedeutung, Grundsätze und Vertragsklauseln. *NetV 2022 (4)*, 154 - 158

Rainer, H. (2023). Fassadensanierung. *immolex 2023 (1)*, 1.

Ratka, T. (2021). Geltungskontrolle (AGB). In *RDB Keywords*. Wien: Manz'sche Verlags- und Universitätsbuchhandlung GmbH

Reheis, J. & Schopper, A. (2022). Aspekte der Nachhaltigkeit im Gesellschaftsrecht. NZ 2022 (11), 531 – 537.

Reidinger, A. & Mock, S. (2021) § 918 In Schwimann/Kodek (Hrsg), *ABGB Praxiskommentar* (5. Auflage, Band 55).

Reimann, S. & Schoenig, K. (2022). ESG in der Projektentwicklung. *LRZ-E-Zeitschrift für Wirtschaftsrecht und Digitalisierung 2022*, Rn 1146 -1211

Reiner, M. (2020) § 1165 In Schwimann/Neumayr (Hrsg), *ABGB Taschenkommentar* (5. Auflage). Wien: LexisNexis.

Reischauer, R. (2010) Probleme der Beweislastregeln des § 924 ABGB, *JBl 2010 (4)*, 217 ff.

Reischauer, R. (2018) § 923 In Rummel/Lukas, *ABGB 4*. Wien: Manz'sche Verlags- und Universitätsbuchhandlung GmbH

Restaurant in Kinocenter - Geschäftsraummiete, keine Unternehmenspacht (2012). *RdW 2012 (1)*, 26.

Repic, K., Richter-Schöller, C & Zahradnik, A. (2021). Nachhaltigkeit bei der Vermögensveranlagung. In Zahradnik, A. & Richter-Schöller, C (Hrsg.), *Handbuch Nachhaltigkeitsrech*t (S. 217- 245). Wien: Manz'sche Verlags- und Universitätsbuchhandlung GmbH.

Richter, D. (2020). Mietrecht. In Artner, S. & Kohlmaier, K. (Hrsg.) *Praxishandbuch Immobilienrecht* (3. Auflage, 177 – 237). Wien: Linde Verlag.

Richtlinie 2013/34/EU des Europäischen Parlaments und des Rates vom 26. Juni 2013 über den Jahresabschluss, den konsolidierten Abschluss und damit verbundene Berichte von Unternehmen bestimmter Rechtsformen und zur Änderung der Richtlinie 2006/43/EG des Europäischen Parlaments und des Rates und zur Aufhebung der Richtlinien 78/660/EWG und 83/349/EWG des Rates, Amtsblatt der Europäischen Union, L 352, 9. 12.2014

Riedler, S. (2021) § 859 In Schwimann/Kodek (Hrsg), *ABGB Praxiskommentar* (55. Band, Rz 15). Wien: Manz'sche Verlags- und Universitätsbuchhandlung GmbH.

Rosifka , W. (2014) Erhaltungspflicht und Mietzinsminderung im MRG, *VbR 2014(4)*, 128 – 132.

Rosifka, W: (2022) Betriebskostenvereinbarung (B2B) außerhalb des MRG-Vollanwendungsbereichs. *immolex 2022 (5)*, 189 – 190.

Rosifka, W: (2022) Überwälzung von Betriebskosten auf den (Wohnungs-)Mieter außerhalb der Vollanwendung des MRGs. immolex 2022 (10), 330 - 334

Rosifka, W. (2022). Wartung und Instandhaltung sowie Erhaltung im MRG und WGG, *ImmoZak 2022 (3)*, 52 – 55

Rosifka, W (2022). Überwälzung der Instandhaltungspflicht einer Therme auf den Geschäftsraummieter. *immolex 2022 (6)*, Seite 214 – 215

Rottke,N. (2016). *Immobilienwirtschaftslehre – Recht.* Wiesbaden: Springer Fachmedien

Rottke, N., Thomas, M. (Hrsg.) (2017) *Immobilienwirtschaftslehre – Magament: Nachhaltigkeit in der Immobilenwirtschaft.* Berlin: Springer Gabler

Schacherreiter, J. (2023). § 1299 ABGB In Kletečka, A. & Schauer, M. (Hrsg.) *ABGB-ON*. Wien: Manz'sche Verlags- und Universitätsbuchhandlung GmbH.

Schadenersatz (ABGB und Nebengesetze). *ecolex 2000 (2)*, 107.

Scherzer, A. (2022). *Die Taxonomie-Verordnung – Überblick und Kritik.Weka news- Umwelt & Betriebsanlagen*, ID: 1110990, Verfügbar unter: https://www.weka.at/news/Bau-Immobilien/Die-Taxonomie-Verordnung-Ueberblick-und-Kritik.

Schlemminger, H. (2014). Nachhaltigkeitszertifikate in Immobilienverträgen, *NJW 2014 (44)*, 3185 – 3190

Schopper, A. & Setz, P. (2022). Green-Building-Zertifikate: Vertragsrechtliche Grundfragen, *ZRB - Zeitschrift für Recht des Bauwesens 2022 (2)*, 35- 49.

Schwangler, A. (2016). Die Vermutung der Mangelhaftigkeit beim Bauwerkvertrag?, *bauaktuell 2016 (5)*, 166 – 169

Schwangler, A. (2016). Probleme bei der Anwendung des § 924 ABGB auf Werkverträge, *JBl 2016 (5)*, 301-309

Seebacher, G. (2001). Zur angeblichen Koordinierungspflicht des Bauherrn, *BBl Baurechtliche Blätter 2001, 217.*

Seidel, H. (2023). Der Personenbezug von Daten ist (weiterhin) relativ zu bestimmen - das EuG erinnert an "Breyer". *Datenschutzberater 2023 (7-8)*, 212 – 214

SGNI, Das DGNB System für Gebäude. Verfügbar unter: https://www.sgni.ch/geb%C3%A4ude1

Spitzer, M. & Told, J (2021) § 1053 ABGB in Schwimann/Kodek (Hrsg), *ABGB Praxiskommentar* (Band 6., Aufl. 5)

Stabentheiner, J. (2012). Das Energieausweis-Vorlage-Gesetz. *RdW 2012 (3)*, 127 –136)

Stadler, R. (2022). Die OIB-Richtlinie, *Österreichische Bauzeitung 2022 (1-2)*, 20 -23.

Stempkowski, R. (2022). In Eberhardt/Klaubetz (HrsG), *Handbuch Immobilienprojektentwicklung* (S. 159). Wien: Linde Verlag Ges.m.b.H.

Stingl, W. (2003). Erhaltungsbegriff im Wohnrecht und Steuerrecht. *immolex 2003 (3), 94.*

Stingl, W. (2015). Reihung der Erhaltungsarbeiten. In Rainer Miet- und WohnR (2015, Kapitel 5.2.2.3.). Wien: Manz'sche Verlags- und Universitätsbuchhandlung GmbH.

Stöhr, H. (2023) Die nachhaltige Stromversorgung eines Mietgebäudes. *bauaktuell 2023 (4)*, 159 – 164.

Strassemeyer, L. (2022). CNIL: Wie der Auftragsverarbeiter personenbezogene Daten für eigene Zwecke weiterverwenden kann. *DSB 2022 (2)*, 56 – 58.

Stühlinger, J. (2020). Jetzt mischt Holz die Baubranche auf!. *Fakt & Faktor* (2020, 1.12). Wien: Vereinigung der Österreichischen Industrie (Industriellenvereinigung, IV). Verfügbar unter: https://faktundfaktor.at/jetzt-mischt-holz-baubranche-auf/

Tomanek, D. & Mitrovic, M. (2021). ESG - Nachhaltigkeit 2.0?. *ZLB 2021 (3)*, 52.

Trojer, D. (2023) Die (Mit-) Nutzung nachträglich errichteter Anlagen durch den Bestandnehmer und deren Kosten. immolex 2023 (2), Seite 51 – 54.

UN Environment Programme [UNEP]. (2014). *Trade and Green Economy.* (3. Auflage). Genf: International Institute for Sustainable Development.

UN Environment Programme [UNEP]. (2022). *Green Economy.* Verfügbar unter: https://www.unep.org/regions/asia-and-pacific/regional-initiatives/supporting-resource-efficiency/green-economy.

Unger, K & Vrba, K. (2022) Die allgemeine Haftung des Sachverständigen. In Vrba (Hrsg), *Schadenersatz in der Praxis* (47. Lieferung). Wien: LexisNexis.

Union Investment Real Estate GmbH (2023). *Green leases create binding rules.* Verfügbar unter:https://realestate.union-investment.com/sustainabilityportal/Knowledge-and-expertise/Green-leases-create-binding-rules.html

United Nations [UN]. (2016). *The Sustainable Development Goals Report.* Verfügbar unter: https://unstats.un.org/sdgs/report/2016/The%20Sustainable%20Development%20Goals%20Report%202016.pdf.

Umweltbundesamt (2023, 24.04) *Green Economy.* Verfügbar unter: https://www.umweltbundesamt.de/themen/wirtschaft-konsum/wirtschaft-umwelt

Verordnung (EU) 2016/679 des Europäischen Parlaments und des Rates vom 27. April 2016 zum Schutz natürlicher Personen bei der Verarbeitung personenbezogener Daten, zum freien Datenverkehr und zur Aufhebung der Richtlinie 95/46/EG (Datenschutz-Grundverordnung, DSGVO) idF L 119/1 vom 04.05.2016.

Verordnung (EU) 2019/2088 des Europäischen Parlaments und des Rates vom 27. November 2019 über nachhaltigkeitsbezogene Offenlegungspflichten im Finanzdienstleistungssektor PE/87/2019/REV/1

Verordnung (EU) 2020/852 des Europäischen Parlaments und des Rates vom 18. Juni 2020 über die Einrichtung eines Rahmens zur Erleichterung nachhaltiger Investitionen und zur Änderung der Verordnung (EU) 2019/2088, Amtsblatt der Europäischen Union L 198/13 vom 22.6.2020.

VwGH 2007/04/0198

Waibel, M. (2010). *Bewertung von Green Building: Wie nachheiltigkeitszertifikate die Integration des Green Values in die Immobilienbewertung ermöglichen.* Hamburg: Diplomica Verlag

Warnpflicht des planenden Baumeisters. (2007). *ecolex, 2007 (4)*, 245 - 246

Warter, J. (2021) Einbindung des Betriebsrats in eine Datenschutz-Folgenabschätzung (Teil I), *Dako 2021 (2)*, 37 -39.

Weber, G. & Zucker, G. (2022). *Einsparungspotenziale im Gebäudebereich.* Wien: AIT Austrian Institute of Technology.

Weixelbraun -Mohr, M. (2020). Erhaltungspflicht für vom Mieter eingebaute Therme. *EvBl 2020 (10),* 454.

Weixelbraun - Mohr, M. (2020). Gewährleistung beim Grundstückskauf. *EvBl 2020 (14-15)*, 679.

Wenusch, H. (2014). Der Werkbegriff im Bauwesen, *ZRB 2014 (2)*, 59 - 64.

Wenusch, H. (2019). Nochmals: Der widersprüchliche Bauwerkvertrag. *Zeitschrift für Recht des Bauwesens 2019 (8),* 44 – 52.

Wey, K. (1982). *Umweltpolitik in Deutschland: kurze Geschichte des Umweltschutzes in Deutschland seit 1900.* Opladen: Westdeutscher Verlag

Wiebe, G. (2022). *§ 859 ABGB.* In Kletečka/Schauer, ABGB-ON1.04. Wien: Manz'sche Verlags- und Universitätsbuchhandlung GmbH.

Wiesinger, C. (2020) Der Facharbeiterbegriff im Arbeits- und Sozialversicherungsrecht. *ARD 2020 (5),* 6710.

Willhelm, G. (1996). Glosse zu OGH 29.1.1992, 1 Ob 628/91, ecolex 1992, 316.

Willhelm, G. (2002). OGH 12.2.2002, 10 Ob 205/01x. *ecolex 2002 (7)*, 508.

Willhelm, G. (2010). Geldwäschebestimmungen keine Schutzgesetze. *ecolex 2010*, 750–752.

Wirtschaftskammer Österreich. (2021). *Erhaltung, Instandhaltung, Wartung, Zinsminderung bei Mietverträgen im Vollanwendungsbereich des MRG.* Verfügbar unter https://www.wko.at/service/wirtschaftsrecht-gewerberecht/Erhaltung,-Instandhaltung,-Wartung,-Zinsminderung-bei-Mie.html

Witt-Dörring, D. (2020). Mietrecht. In Artner, S. & Kohlmaier, K. (Hrsg.) *Praxishandbuch Immobilienrecht* (3. Auflage, Seite 281 - 327). Wien: Linde Verlag.

Wittwer, A. (2022) AGB-Recht im unternehmerischen Rechtsverkehr, *AnwBl 2022 (1)*, 61.

Yudelson, J. (2008). *The Green Building Revolution*. Washington: Island Press.

Yudelson, J. (2016). *Reinventing Green Building: Why Certification Systems aren´t working and what we can do about it*. Gabriola Island: New Society Publishers.

Zehetner, J. (2013) Dritthaftung des Abschlussprüfers. *ÖZW 2013 (3)*, 78 – 86.

ZIA Zentraler Immobilien Ausschuss e.V. (2018). *Green Lease – Der grüne Mietvertrag für Deutschland* (2. Auflage). Berlin: ZIA Zentraler Immobilien Ausschuss e.V.

Zöchling-Jud, B. (2016) § 923 In Kletečka/Schauer, *ABGB-ON 1.02.* Wien: Manz'sche Verlags- und Universitätsbuchhandlung GmbH.

Kolibri 360 GmbH
Ferdinand-Jühlke-Straße 7
99095 Erfurt, Deutschland
produktsicherheit@kolibri360.de

Druck:
CPI Druckdienstleistungen GmbH
im Auftrag der
Kolibri 360 GmbH
Ferdinand-Jühlke-Str. 7
99095 Erfurt